W0296672

hänssler

JOHANNES GERLOFF

»Verflucht und von Christus getrennt«

Israel und die Heidenvölker

Eine Studie zu Römer 9–11

Johannes Gerloff ist Nahostkorrespondent des Christlichen Medienverbundes KEP. Seine Analysen und Berichte erscheinen auch im Internet unter www.israelnetz.de.

hänssler-Taschenbuch
Bestell-Nr. 393.747
ISBN 3-7751-3747-5

Internet: www.haenssler.de
E-Mail: info@haenssler.de
Titelfotos:
Fond: Max und Hilla Jacoby
Vordergrund: Autor
Umschlaggestaltung: Ingo C. Riecker
Satz: AbSatz, Klein Nordende
Druck und Bindung: Ebner & Spiegel GmbH
Printed in Germany

Inhalt

Einleitung

Heiligt den Herrn Christus in euren Herzen, indem ihr allezeit bereit seid zur Verantwortung vor jedermann, der von euch Rechenschaft fordert über die Hoffnung, die in euch ist (1. Petrus 3,15).

Rechenschaft ablegen über die Hoffnung, die ihn trieb, das wollte der Apostel Paulus. Deshalb schrieb er seinen Brief an die Gemeinde in Rom. Der Römerbrief ist eine Einführung in das Denken des Apostels. Er wollte sich vorstellen, um dann später die Christen in der Hauptstadt des Römischen Weltreiches persönlich kennen zu lernen.

Im Zentrum des Römerbriefes stehen die Kapitel 9 bis 11. Im Zentrum des Heilsplanes Gottes mit dieser Welt steht Israel. Trotzdem wird das jüdische Volk bis heute an den Rand christlichen Denkens gedrängt. In den meisten Gemeinden sind es lediglich die »Israelfans«, die sich damit beschäftigen. Das Thema »Israel« gehört zu den »Exotika« der christlichen Theologie.

Rechenschaft ablegen ist eine intellektuelle Herausforderung. Paulus hat seinen Brief nicht nur an die theologische Elite geschrieben. Ausdrücklich richtet er sich »an alle Geliebten Gottes und berufenen Heiligen in Rom« (Römer 1,7). Deshalb ist es unsere Aufgabe, zu erklären, warum wir Israel lieben. Wir müssen biblisch belegen, warum Israel bei der Hoffnung, die in uns ist, eine so zentrale Rolle spielt.

Dass bei Paulus »einige Dinge schwer zu verstehen sind«, hat schon sein Apostelkollege Petrus bemerkt (2. Petrus 3,16). Das soll uns jedoch nicht von der Denkarbeit abschrecken. Denn das Ziel ist nicht, Recht zu behalten, sondern Jesus Christus, den Messias Israels, in unseren Herzen zu heiligen.

I. Kapitel

»Eine Kraft Gottes, die selig macht«

Der Kontext von Römer 9–11

Der Textzusammenhang ist entscheidend, wenn wir Einzelaussagen richtig verstehen wollen. Wir müssen wissen, in welchem Rahmen der Autor argumentiert. Deshalb wollen wir uns zuerst einen Überblick über die ersten acht Kapitel des Römerbriefes verschaffen.

Römer 1-8 beantwortet die Fragen:

- Wie werde ich vor Gott gerecht?
- Wie bekomme ich eine Beziehung mit meinem Schöpfer?

Im ersten Teil seines Briefes beschreibt der Apostel Paulus den Heilsweg, den Gott jedem Menschen anbietet.

Ausgangspunkt ist in Römer 1,20 die Feststellung, dass »Gottes unsichtbares Wesen«, »seine ewige Kraft und Gottheit«, seit der Erschaffung der Welt aus den Werken Gottes erkannt werden kann. Deshalb kommt der Apostel zu dem Schluss: Die heidnischen Völker haben keine Entschuldigung. »Denn obwohl sie Gott kannten, haben sie ihn nicht als Gott gepriesen noch ihm gedankt, sondern sind dem Nichtigen verfallen in ihren Gedanken, und ihr unverständiges Herz ist verfinstert« (Römer 1,21).

Das jüdische Volk hat gegenüber den Nichtjuden einen Vorzug: »Ihnen ist anvertraut, was Gott geredet hat« (Römer 3,2). Doch bei näherer Betrachtung der jüdischen Lebenspraxis muss Paulus seinen Volksgenossen vorhalten: »Du lehrst andere und lehrst dich selber nicht! Du rühmst dich des Gesetzes und schändest Gott durch Übertretung des Gesetzes! Deshalb wird der Name Gottes euretwegen unter den Heiden verlästert« (Römer 2,21-24).

Der Rabbiner Sha'ul aus Tarsus weiß: »Die Beschneidung nützt nur etwas, wenn du das Gesetz hältst; hältst du aber das Gesetz nicht, so bist du aus einem Beschnittenen schon ein Unbeschnittener geworden« (Römer 2,25). Er erkennt, im Blick auf das Problem der Sünde gibt es keinen Unterschied zwischen Juden und Heiden. »Sie sind allesamt Sünder und ermangeln des Ruhmes, den sie bei Gott haben sollten« (Römer 3,23).

Der Ausweg aus diesem Dilemma besteht darin, »dass der Mensch gerecht wird ohne des Gesetzes Werke, allein durch den Glauben.« »Denn es ist der eine Gott, der gerecht macht die Juden aus dem Glauben und die Heiden durch den Glauben« (Römer 3,28.30). Schritt für Schritt erklärt Paulus seinen Lesern, wie wir zum Frieden mit Gott gelangen können. Vorbild ist Abraham, der Vater des Glaubens (Römer 4). Hintergrund ist der Opfertod und die Auferstehung Jesu (Römer 5), so dass ein Leben für Gott möglich wird, in dem die Sünde ihre Macht verloren hat (Römer 6).

Der Apostel steht mit beiden Beinen im Leben. Er ist Realist. Deshalb weiß er um die Kämpfe im Leben eines Gläubigen: »Ich tue nicht, was ich will; sondern was ich hasse, das tue ich« (Römer 7,15). Seinem Schüler Timotheus schreibt er die froh machende Botschaft, »dass

Christus Jesus in die Welt gekommen ist, die Sünder selig zu machen«, ohne darüber zu vergessen: »unter denen ich der erste bin« (1. Timotheus 1,15). Er legt nicht dar, dass er irgendwann einmal ein Sünder war. Auch nach seiner Rechtfertigung legt er den Nachdruck nicht auf die eigene Gerechtigkeit, sondern auf den, der ihn erlöst hat. Paulus ist sich vollkommen darüber im Klaren, »dass in mir, das heißt in meinem Fleisch, nichts Gutes wohnt. Wollen habe ich wohl, aber das Gute vollbringen kann ich nicht« (Römer 7,18).

Trotz dieser »Zwickmühle«, die Paulus in Kapitel 7 beschreibt, weiß er, dass es »keine Verdammnis« gibt »für die, die in Christus Jesus sind« (Römer 8,1). Entscheidend ist: »Welche der Geist Gottes treibt, die sind Gottes Kinder« (Römer 8,14). Aufgrund dieser Heilsgewissheit kann er dann auch überzeugt sagen, »dass dieser Zeit Leiden nicht ins Gewicht fallen gegenüber der Herrlichkeit, die an uns offenbart werden soll« (Römer 8,18).

Zusammenfassend bleibt festzuhalten, dass sich Römer 1-8 auf den einzelnen Menschen konzentriert, seine Verlorenheit, seine Sünde, das Werk Jesu für ihn, die Gnade Gottes und die Errettung von Sünde und Tod, die sich darin eröffnet.

In Römer 12-16 ordnet der Apostel den erlösten Menschen ein in sein soziales Umfeld, die Gemeinde und die Welt, in denen er zu bestehen hat. Dabei beantwortet Paulus folgende Fragen:

- Wie passt diese neue Beziehung mit Gott in das soziale Umfeld, in dem ich lebe?
- Wie soll ein Gläubiger mit anderen Gläubigen zusammenleben?

- Wie kann ein Kind des lebendigen Gottes in einem säkularen Umfeld verantwortlich zurechtkommen?

Die letzten fünf Kapitel des Römerbriefes ordnen das Leben als Gottesdienst und im Gottesdienst der Gemeinde, reden von Gnadengaben, von der Liebe und vom Dienst aneinander (Römer 12). Dabei kommt das Verhältnis zur staatlichen Gewalt genauso zur Sprache (Römer 13) wie die Beziehungen innerhalb der Gemeinde im Blick auf das Leben in einer säkularen, von Sünde und Tod geprägten Welt (Römer 14).

Paulus bringt alle Anordnungen auf den Punkt: »Denn unser keiner lebt sich selber, und keiner stirbt sich selber. Leben wir, so leben wir dem Herrn; sterben wir, so sterben wir dem Herrn. Darum: wir leben oder sterben, so sind wir des Herrn« (Römer 14,7-8). Zweck und Zielpunkt unserer Erlösung ist, dass »ihr einmütig mit einem Munde Gott lobt, den Vater unseres Herrn Jesus Christus« (Römer 15,6).

In Römer 1-8 konzentriert sich der Apostel auf das persönliche Heil des einzelnen Menschen. Hier vertritt er das Anliegen der missionarisch Gesinnten, der Evangelisten. Wenn man das in die heutige kirchenpolitische Lage einordnet, könnte man plakativ sagen, dass er das Anliegen der »Evangelikalen« zur Sprache bringt. Im Mittelpunkt steht das Erlösungswerk Jesu Christi.

In Römer 12-16 behandelt Paulus die Frage der Gemeinde, das Verhältnis der einzelnen Glieder untereinander, aber auch die Stellung der Gläubigen in der Gesellschaft. Als Gemeindebauer spricht er seelsorgerlich. Karikierend gesagt: Hier wird das Anliegen der »Charismatiker« vorgebracht. Im Mittelpunkt steht das Leben im Heiligen Geist.

In Römer 9-11 erklärt Paulus

- ➢ seine eigene Beziehung zu Israel;
- ➢ Israels Wesen und Bedeutung;
- ➢ Gottes Stellung zur Welt und zu Israel;
- ➢ das Verhältnis der heidenchristlichen Gemeinde zum jüdischen Volk;
- ➢ die Bedeutung Israels für die ganze Heidenwelt und
- ➢ Israels Zukunft.

In diesem Falle macht sich der Apostel zum Sprachrohr der »Israelfreunde«, unterstreicht die prophetisch-heilsgeschichtliche Komponente der christlichen Theologie. Anders ausgedrückt und um das Raster des trinitarischen Denkmodells fortzusetzen: Im Mittelpunkt steht Gott, der Vater.

Interessant ist, dass diese drei Teile des Römerbriefes oft nur einzeln behandelt werden – so wie wir jetzt auch nur Römer 9-11 betrachten. Evangelistisch und missionarisch gesinnte Leute konzentrieren sich auf Römer 1-8, die »Israelliebhaber« natürlich auf Römer 9-11. Und für solche, denen der Gemeindeaufbau, das Zusammenleben in der Gemeinde am Herzen liegt, ist dann auch noch Römer 12-16 da. Aber die drei Teile des Römerbriefes gehören zusammen. Ursprünglich hat Paulus einen Brief geschrieben, an eine Gemeinde.

Aber wozu ist die Sache mit Israel (Römer 9-11) nach der Rechtfertigungslehre (Römer 1-8) notwendig? Warum schiebt der Apostel zwischen die »persönliche Beziehung mit Jesus« und die »Gemeinde« (Römer 12-16) das Thema »Israel« ein? Was fehlt, wenn wir uns ausschließlich auf die Frage der persönlichen Erlösung und des

Gemeindebaus in unserer Gesellschaft konzentrieren? Was geht verloren, wenn wir die Israelfrage ausklammern?

Alle Religionen bieten eine Lösung des Problems der persönlichen Schuld, des Versagens und suchen das Verlangen nach persönlicher Erfüllung zu befriedigen. Alle Heilswege zeigen eine Möglichkeit der Versöhnung mit Gott, meinen die Harmonie unter den Menschen herstellen zu können und stellen einen Moralkodex auf. Alle religiösen Systeme mühen sich, dem menschlichen Dasein und der Existenz der Welt einen Sinn zu geben. Insofern bietet der Apostel Paulus in Römer 1-8 und 12-16 nichts Besonderes. Mit den Ausführungen in Römer 9-11 stoßen wir aber auf den grundlegenden Unterschied zwischen allen religiösen Bemühungen und der biblischen Offenbarung.

Der natürliche Mensch hat ein Empfinden für die Existenz Gottes (siehe Römer 1,19-20). Wenn er dann aber nach Erklärungen über den Charakter und das Wirken Gottes sucht, ist er auf seine Beobachtungsgabe angewiesen. Die menschliche Erfahrung lehrt, dass die ganze Welt in Kreisläufen funktioniert: Die Kreisläufe von Tag und Nacht, der Monate, Jahreszeiten und Jahre prägen unser Leben. Ausgehend von diesen Beobachtungen kann man auch die Welt und die menschliche Existenz in Kreisläufen erklären, wodurch man zum Beispiel zur Reinkarnationslehre (Wiedergeburtentheorie) der östlichen Mystik kommt.

Der Heiligen Schrift ist dieses Denken nicht fremd. Im Predigerbuch wird uns ein weiser Mann vorgestellt, der sein Herz darauf gerichtet hatte, »die Weisheit zu suchen und zu erforschen bei allem, was man unter dem Himmel tut« (Prediger 1,13). Dieser Gelehrte kommt aufgrund seiner Beobachtungen zu dem logischen Schluss: »Es geschieht nichts Neues unter der Sonne. Geschieht etwas, von dem man sagen könnte: ›Sieh, das ist neu‹? Es ist längst vorher auch geschehen in den Zeiten, die vor uns gewesen sind« (Prediger 1,9-10). Die Beobachtung führt den Prediger zur Schlussfolgerung des ewigen Kreislaufes allen Seins: »Es ist alles aus Staub geworden und wird wieder zu Staub« (Prediger 3,20).

Alle Religionen dieser Welt sind auf Beobachtungen aufgebaut und kommen letztendlich zu einem zirkulären, das heißt auf Kreisläufen basierenden Weltbild. Der weise Prediger kommt zu dem Schluss: »Darum verdross es mich zu leben, denn es war mir zuwider, was unter der Sonne geschieht, dass alles eitel ist und Haschen nach Wind« (Prediger 2,17).

Wie anders klingen da die Worte des Apostels Paulus, der übersprudelt von der Botschaft, die kein Auge gesehen und kein Ohr gehört hat und in keines Menschen Herz gekommen ist und die Gott doch denen bereitet hat, die ihn lieben (1. Korinther 2,9). Er weiß: »Ist jemand in Christus, so ist er eine neue Kreatur; das Alte ist vergangen, siehe, Neues ist geworden« (2. Korinther 5,17). Dabei beruft er sich nicht auf seine eigene Beobachtungsgabe, sondern auf denjenigen, der auf dem Thron sitzt und sagt: »Siehe, ich mache alles neu!« (Offenbarung 21,5). Wenn wir etwas über den Ursprung oder das Ziel unseres Seins erfahren wollen, sind wir auf Offenbarung angewiesen, darauf, dass Gott selbst sie uns erschließt. Da helfen uns weder menschliche Weisheit noch Erfahrung oder Beobachtungen weiter.

Im Gegensatz zu allem religiösen Streben der Menschheit bezeugt uns die Bibel, dass Gott am Anfang allen

Seins steht, und dass diese Welt auch wieder auf ihn zuläuft: »Wer ruft die Geschlechter von Anfang her? Ich bin's, der Herr, der Erste und bei den Letzten noch derselbe« (Jesaja 41,4). Als Schöpfer steht er am Anfang. Und am Ende der Zeiten wird sich die Menschheit vor ihm als höchster richterlicher Instanz zu verantworten haben. Zwischen Schöpfung und Neuschöpfung macht Gott Geschichte und offenbart sich als der Gott Abrahams, Isaaks und Jakobs, als Gott der Väter, als Gott Israels.

Der »rote Faden« in Gottes Geschichte mit dieser Welt ist Israel. Die Existenz Israels »beweist« das lineare Weltbild der Bibel. An Israel zerbrechen die religiösen, philosophischen und wissenschaftlichen Kreislauftheorien der Menschheit, nicht weil Juden besser wären als der Rest der Menschen, sondern weil der Schöpfer dieser Welt dieses Volk erwählt hat und niemals loslassen wird.

Damit wird Israels Existenz zu einer Herausforderung für unser Verantwortungsgefühl, unsere Egozentrik und unseren Humanismus. Paulus weist nicht nur auf den Erlöser, sondern auch auf den Weltenrichter, vor dem wir uns zu verantworten haben. Martin Luther hat vor einem halben Jahrtausend die Frage gestellt: Wie bekomme ich einen gnädigen Gott? Diese Frage hat die Welt verändert und die Finsternis des Mittelalters durchbrochen. Die Pfingst- und charismatischen Bewegungen haben im 20. Jahrhundert gefragt: Wie werde ich begabt, geheilt, mit dem Heiligen Geist erfüllt? Davon wurde die Christenheit aufgerüttelt.

Der Gott Abrahams, Isaaks und Jakobs hat aber weit mehr im Blick als die Erlösung, Heilung, Begabung und Geisterfüllung einzelner Christen. Sein Heilsplan zielt auf einen »neuen Himmel und eine neue Erde«. In dieser

Heilsgeschichte ist nicht der Mensch Mittelpunkt, Maßstab und Zweck, auch nicht ein erwählter, erlöster oder berufener Mensch. Ziel und Zweck von Gottes Handeln ist seine eigene Ehre. Dazu wurden wir geschaffen und dazu wurden wir erlöst.

Dazu hat er sich auch das jüdische Volk auserwählt. Denn »so spricht Gott der Herr: Ich tue es nicht um euretwillen, ihr vom Hause Israel, sondern um meines heiligen Namens willen, den ihr entheiligt habt unter den Heiden, wohin ihr auch gekommen seid. Denn ich will meinen großen Namen, der vor den Heiden entheiligt ist, den ihr vor den Heiden entheiligt habt, wieder heilig machen. Und die Heiden sollen erfahren, dass ich der Herr bin, spricht Gott der Herr, wenn ich vor ihren Augen an euch zeige, dass ich heilig bin« (Hesekiel 36,22-23).

Jeder, der zum Glauben an Jesus kommt, stößt auf Israel – wenn er denn wirklich eine Beziehung mit Jesus, dem Messias Israels, hat. Insofern ist Römer 9-11 die logische Folge der Kapitel 1-8. Wer einen Blick für Gottes Handeln mit Israel bekommen hat, muss aber von der gelebten Wirklichkeit einer lebendigen Beziehung mit Jesus herkommen. Eine gesunde Beziehung zum Gottesvolk ist undenkbar ohne die in Römer 1-8 beschriebene Vorbedingung einer Rechtfertigung allein aus Gnaden durch den Glauben an Jesus Christus.

Schließlich bleibt noch festzuhalten, dass eine lebendige Glaubensbeziehung immer auf die Gemeinschaft der Heiligen (Römer 12-16) abzielt. Im biblischen Denken ist ein christlicher Einzelkämpfer undenkbar – nicht einmal um Israels willen. Oder, um es noch einmal vom Ende des Römerbriefes her zu sagen: Gemeindebau im Sinne Jesu (Römer 12-16) ist nur möglich auf der zweifachen Basis einer persönlichen Glaubensbeziehung mit Gott (Römer 1-8) und dem Wissen um den bis heute noch nicht abgeschlossenen Heilsplan Gottes (Römer 9-11). Wer einen der drei Teile des Römerbriefes »unterbelichtet« oder gar »ausblendet«, wird in letzter Konsequenz geistlich »verkrüppeln«.

II. Kapitel

»Verflucht und von Christus getrennt«

Die Liebe des Apostels Paulus zu Israel (Römer 9,1–3)

Ich bin gewiss, dass weder Tod noch Leben, weder Engel noch Mächte noch Gewalten, weder Gegenwärtiges noch Zukünftiges, weder Hohes noch Tiefes noch eine andere Kreatur uns scheiden kann von der Liebe Gottes, die in Christus Jesus ist, unserm Herrn (Römer 8,38-39).

Mit diesem persönlichen Bekenntnis beschließt der Apostel Paulus seine Ausführungen darüber, wie aus Sündern, die des Ruhmes ermangeln, »den sie bei Gott haben sollten« (Römer 3,23), Gottes Kinder und Miterben Christi (Römer 8,17) werden. Dann fährt er ganz unvermittelt fort:

Ich sage die Wahrheit in Christus und lüge nicht, wie mir mein Gewissen bezeugt im Heiligen Geist, ... (Römer 9,1).

Dies ist nicht das einzige Mal, dass der Apostel seine persönliche Autorität zu unterstreichen sucht.[1] Aber an kei-

[1] Vergleiche 2. Korinther 1,23; 11,31; 12,19; 1. Thessalonicher 2,10; 1. Timotheus 2,7

ner Stelle beteuert Paulus so ausführlich und so eindringlich wie hier, dass seine Botschaft der Wahrheit entspricht.

Die meisten vergleichbaren Beteuerungen finden sich im zweiten Korintherbrief. Alle haben eine persönliche Vorgeschichte in der Beziehung des Apostels mit seinen Adressaten und stehen im Kontext eines Konflikts. Keine der vergleichbaren Beteuerungen steht vor den beabsichtigten Aussagen oder am Anfang einer Beziehung. Außerdem schreibt der Apostel hier in Römer 9 an eine Gemeinde, die er noch nicht einmal persönlich kennt. Deshalb ist auch nicht ersichtlich, warum er sich verteidigen müsste.

Warum muss er dann gleich »drei Zeugen« zu seiner Unterstützung heranrufen? Theophylact, der griechisch-orthodoxe Erzbischof vom Ochrida (ca. 1050-1109), hat dies erstmals beobachtet.[2] Der erste Zeuge ist Christus, der zweite sein eigenes Gewissen und der dritte der Heilige Geist. Alle drei »stoßen ins selbe Horn«, das heißt sie bezeugen dasselbe (symmartyrouses). Frédéric Godet betont, dass angesichts dieser drei Zeugen »keine Lüge, nicht einmal eine Übertreibung möglich ist«.[3]

War sich der Apostel dessen bewusst, welcher Affront die gleich folgende Aussage gerade für diejenigen sein muss, die seine Heilsgewissheit teilen? War es für ihn absehbar, wie sehr er diejenigen vor den Kopf stoßen musste, die aus tiefstem Herzen das oben zitierte Bekenntnis von Römer 8,38-39 mitsprechen können? Ahnte der Apostel, wie grundlegend die Praxis der nach-

[2] So zitiert bei Philippi, 396.
[3] Godet, 131.

folgenden zweitausend Jahre Kirchengeschichte seinem Herzenswunsch widersprechen würden?

… dass ich große Traurigkeit und Schmerzen ohne Unterlass in meinem Herzen habe (Römer 9,2).

Die Gefühle des Paulus sind geprägt von »großer (innerer) Traurigkeit« und den »Schmerzen«, die einen Orientalen zu lautem Wehklagen veranlassen.

Diese Qual verspürt der Apostel nicht nur »dann und wann«, gelegentlich, wenn er zufällig an das Schicksal und den Zustand seines Volkes erinnert wird, sondern »ohne Unterlass«.

Mit dem Gebrauch des griechischen Wortes »adialeiptos« (ohne Unterlass, ununterbrochen) gibt uns der Apostel einen ersten konkreten Hinweis darauf, wie diese schmerzhafte Trauer ihren Ausdruck findet. Dieses Wort verwendet im Neuen Testament nur Paulus. An drei der sechs vorkommenden Stellen[4] steht es parallel zu »pantote« (allezeit). Mit »adialeiptos« beschreibt der Apostel sonst ausschließlich das Gebet, meist seine Fürbitte für andere.

Ich habe angefangen, darum zu beten, verflucht und von Christus getrennt zu sein für meine Brüder, die meine Stammverwandten sind nach dem Fleisch (Römer 9,3).

Der Ausdruck »verflucht« (anathema) wird noch verstärkt durch die Worte »apo tou Christou« (von Christus

[4] Römer 1,9; 1. Thessalonicher 1,2-3; 2,13; 5,17; 2. Timotheus 1,3 und eben Römer 9,2.

weg). Paulus ist bereit, jedes Opfer für Israel zu bringen. Nicht nur sein irdisches Leben, sondern sogar seine ewige Gemeinschaft mit seinem Herrn und Heiland ist er bereit hinzugeben, wenn das dem Wohl des jüdischen Volkes dienen sollte.

Der einfache Wortsinn ist relativ leicht verständlich. Aber der Inhalt ist für das Gefühl eines Christen anstößig. Sich zu wünschen, »verflucht und von Christus getrennt zu sein«, aus welchem Grunde auch immer, widerspricht der biblischen Lehre von der Heilsgewissheit, die Paulus doch gerade in den vorangegangenen Kapiteln entwickelt hat.

Adolf Schlatter qualifiziert dies auch sofort als »unerfüllbaren Wunsch«. »Christus stellt den nicht unter seinen Fluch, in dem sein Geist und seine Liebe so mächtig sind«.[5] Deshalb übertreffen sich Übersetzer und Ausleger darin, zu zeigen, dass Paulus das so einfach nicht gemeint haben könne. Alte lateinische Übersetzungen geben das »euchomen« (ich wünschte) mit »optabam« (ich wünschte [in der Vergangenheit]) wieder. Sie erklären es als Bestandteil des blinden Fanatismus, der den Saulus aus Tarsus als Verfolger der ersten Christen gekennzeichnet hatte.[6]

Doch der Apostel spricht hier nicht von längst vergangenen Gefühlen. Ganz abgesehen davon, dass diese Aussage nur einem Herzen entspringen kann, das den wahren Wert der Gemeinschaft mit Christus erkannt hat, niemals aber aus dem Munde eines Juden, der die Messianität Jesu ablehnt oder gar aktiv bekämpft. Deshalb geben die meisten Übersetzer »euchomen« mit »ich

---

[5] Schlatter, 172.

[6] Godet, 133, verweist in diesem Zusammenhang auf Ambrosiaster, Pelagius, die Vulgata, Luther und Chalmers.

könnte wünschen« oder »ich würde erstreben« wieder. Dabei schwingt der Unterton mit, »wenn es nicht falsch wäre« oder »*wenn dies möglich wäre*, aber mir ist klar, dass es unmöglich ist«.[7]

Doch Frédéric Godet bemerkt vollkommen richtig, dass »euchomen« grammatikalisch ein Imperfekt Indikativ ist und wörtlich übersetzt »ich wünschte« bedeutet. Dabei werfe die griechische Form den Wunsch in die Vergangenheit zurück, und zwar eine Vergangenheit, die immer unvollendet bleibe.[8] Der Apostel hätte durchaus eine Konjunktivform (»ich hätte/würde/könnte wünschen, wenn ...«) wählen können. Er hat es aber nicht getan. Sein Wunsch bringt ein tatsächlich bestehendes Sehnen zum Ausdruck, das in der Vergangenheit entstanden ist und bis in die Gegenwart hinein existiert. Diese Aussage wird meines Erachtens am besten wiedergegeben, wenn man übersetzt: »Ich habe (in der Vergangenheit) angefangen, zu wünschen (und tue das bis in die Gegenwart hinein).«

Wenn wir die Wurzel des Wortes »wünschen« (euchomai) durch das Neue Testament hindurch verfolgen, bekommt der Wunsch des Apostels eine noch tiefergehende Qualität. »euchomai« wird meist mit »beten« übersetzt.[9] Das Hauptwort »euche« wird in der Apostel-

---

[7] Vergleiche hierzu Godet, 132. William Hendriksen, New Testament Commentary: Romans. 2 Volumes in One (3 Murrayfield Road, Edinburgh EH12 6EL: The Banner Of Truth Trust, 1980), 310. Hodge, 295, 297, mit Rückverweis auf Johann Albrecht Bengel. Morison, An Exposition of the Ninth Chapter of Paul's Epistle to the Romans, 1849, zitiert bei Godet, 133.

[8] Godet, 132.

[9] Vergleiche 2. Korinther 13,9; 3. Johannes 2; Jakobus 5,15-16.

geschichte (18,18; 21,23) verwendet, wenn Menschen sich durch ein Gelübde, ein Versprechen oder einen Schwur vor Gott verbindlich festlegen.[10]

In Apostelgeschichte 27,29 wünschten (euchonto) die mit dem Unwetter kämpfenden Seeleute, »dass es Tag würde«. Der Apostel Paulus wünscht sich vor König Agrippa, »dass über kurz oder lang nicht allein du, sondern alle, die mich heute hören, das würden, was ich bin« (Apostelgeschichte 26,29) und im Blick auf die Gemeinde in Korinth, »dass ihr nichts Böses tut« (2. Korinther 13,7). Dies sind samt und sonders Wünsche, Bitten, Sehnsüchte und Gebete, die fatalistisch, wenn nicht gar lächerlich wirkten, wären sie nicht ernst gemeint und ein echtes Zeugnis dafür, was sich derjenige, der sie ausspricht, wirklich zum Ziel gesetzt hat.

Paulus steht mit diesem »verrückten« Gebet: »Ich wünschte, verflucht und von Christus getrennt zu sein für meine Brüder«, nicht allein in der Geschichte Gottes mit seinem Volk Israel.

Mose hatte von Gott die beiden steinernen Gesetzestafeln bekommen, die vom Finger Gottes beschrieben waren. Unmittelbar danach schickt Gott seinen Diener zum Volk zurück, »denn dein Volk, das du aus Ägyptenland geführt hast, hat schändlich gehandelt. Sie sind schnell von dem Wege abgewichen, den ich ihnen geboten habe. Sie haben sich ein gegossenes Kalb gemacht und haben's angebetet und ihm geopfert« (2. Mose 32,7-8).

---

[10] In diese Richtung weist auch der Gebrauch des Wortes »anathema«, »verflucht sein«. Vergleiche hierzu den Gebrauch derselben Wortwurzel in Markus 14,71 und Apostelgeschichte 23,12.14.21.

Mose macht sich selbst ein Bild von der Lage. Ihm ist klar, dass das vernichtende Urteil Gottes über sein auserwähltes Volk (2. Mose 32,10) gerechtfertigt ist. Doch anstatt Gottes Absichten zuzustimmen, fleht Mose: »Vergib ihnen doch ihre Sünde – wenn nicht, dann tilge mich aus deinem Buch, das du geschrieben hast« (2. Mose 32,32).

Mose konnte sich keine theoretisch-theologischen Überlegungen leisten: »Ich wünschte, aus deinem Buch, das du geschrieben hast, ausgetilgt zu werden, für meine Brüder, die meine Stammverwandten sind nach dem Fleisch, wenn es denn möglich wäre und nicht meiner Theologie widerspräche.« Nie zuvor und nie wieder danach in der Geschichte der Menschheit hatte es das gegeben, dass sich der lebendige Gott einem ganzen Volk geoffenbart hatte. Trotzdem hatte sich dieses Volk wenige Tage später einen Götzen gemacht und gesagt: »*Das* ist dein Gott, Israel, der dich aus Ägyptenland geführt hat« (2. Mose 32,8). Angesichts der offenbarten Heiligkeit Gottes und der Ungeheuerlichkeit der Schuld des Volkes sah Mose nur zwei Möglichkeiten: Entweder das Volk musste den Fluch selbst tragen, den es durch seinen Götzendienst auf sich geladen hatte, und zum Tode verurteilt werden – oder er selbst.

Mehrere Exegeten haben vermutet, dass der Grund für die Fürbitte des Paulus in einer nationalistisch begründeten Liebe des jüdischen Rabbiners zu seinem Volk zu suchen sei. »Schon der Instinkt der Natur, welcher für die leiblichen Brüder jegliches Opfer der Liebe zu bringen gebietet«, vermutete Friedrich Adolph Philippi unter Berufung auf den pietistischen Theologen Johann Albrecht Bengel als »causa amoris tanti« (den Grund einer derartigen Liebe).[11] Adolf Schlatter wollte dann sogar in der Liebe des Apostels zu Israel einen Maßstab für die Nationalliebe eines jeden zu seinem eigenen Volk sehen.[12]

Diese Ausleger übersehen zum einen den grundlegenden Unterschied zwischen Israel und den Heidenvölkern, der die gesamte Heilige Schrift durchzieht. Zum anderen bleibt zu fragen: Welche Nationalliebe hält dem Stand, wenn der lebendige Gott selbst Mose das unglaubliche Angebot unterbreitet: »Und nun lass mich, dass mein Zorn über sie entbrenne und [das Volk, das ich einmal aus allen Völkern erwählt habe,] vertilge; dafür will ich dich zum großen Volk machen« (2. Mose 32,10). In seinem Zorn über den Götzendienst des Volkes Israel bietet der Herr Mose genau das an, wovon die christlichen Kirchen zweitausend Jahre lang träumten: Die Enterbung Israels und die Übertragung aller Berufungen, Verheißungen, Begabungen, Vorrechte und Verpflichtungen auf ihn selbst. Und Mose lehnt dieses Angebot Gottes ab!

Schließlich bleibt hier noch festzuhalten, dass auch ein weiterer Grund, der von Schlatter mit Verweis auf Römer 10,1-2 für die Liebe des Paulus vermutet wurde, hinfällig wird: Die Hingabe Israels an seinen Gott.[13] Gott selbst beurteilt das Verhalten und Wesen Israels mit den Worten:

---

[11] Philippi, 401. Ebenso Hodge, 298, und Wangemann, den August Dächsel, Das Neue Testament mit in den Text eingeschalteter Auslegung, ausführlichen Inhaltsangaben und erläuternden Bemerkungen, VII/2/1 (Leipzig: A. Deichert'sche Verlagsbuchhandlung Nachf., ohne Datum), 92, zitiert: »Die ganze heilige Nationalliebe, die noch heute zwischen Jude und Jude in einzelnen so ergreifenden Zügen zu Tage tritt, hat nie heller geglänzt, als in diesen Auslassungen des Paulus.«

[12] Schlatter, 171.

[13] Ebd.

»*dein* Volk ... hat schändlich gehandelt. Sie sind schnell von dem Wege abgewichen, den ich ihnen geboten habe ... Ich sehe, dass es ein halsstarriges Volk ist« (2. Mose 32,7-9). Mose kann nicht anders, als dem zuzustimmen: »das Volk hat eine große Sünde getan« (2. Mose 32,30.31). Trotzdem bleibt er dabei: »Dann tilge mich aus deinem Buch!« Die Liebe des Mose ist unabhängig vom moralischen Verhalten, geistlichen Zustand und sündhaften Wesen Israels, sie ist bedingungslos und total!

Ebenso wusste der Prophet ***Jeremia***, wo die Ursache des Leides, das über das Gottesvolk gekommen war, zu suchen ist: »Deine Bosheit ist schuld, dass du so geschlagen wirst, und dein Ungehorsam, dass du so gestraft wirst« (Jeremia 2,19). Aber er fühlt sich als Gerichtsprophet nicht wohl. Dreimal muss Gott ihm sagen: »Du sollst für dies Volk nicht bitten und sollst für sie weder Flehen noch Gebet vorbringen, sie auch nicht vertreten vor mir.«[14] Doch Jeremia lässt nicht locker. Immer wieder bedrängt er seinen Gott für das gefallene Volk. Bis ihm der Herr die gnadenlose Antwort entgegenschleudert: »Wenn auch Mose und Samuel[15] vor mir stünden, so habe ich doch kein Herz für dies Volk. Treibe sie weg von mir« (Jeremia 15,1).

Ist es nur ein rhetorisches Ausdrucksmittel, wenn der Gott und Vater Israels wenige Verse später fragt: »Wer will sich denn deiner erbarmen, Jerusalem? Wer wird denn Mitleid mit dir haben? Wer wird denn kommen und fragen, ob es dir gut geht?« (Jeremia 15,5)? Oder ist die Klage

---

[14] Jeremia 7,16; vergleiche Jeremia 11,14; 14,11.

[15] Der wie Mose sein Richter- und Prophetenamt auch priesterlich fürbittend für Israel ausgeübt hat, vergleiche 1. Samuel 7,9; 12,23.

des Propheten Jeremia nach dem Herzen Gottes: »Weh mir, meine Mutter, dass du mich geboren hast, gegen den jedermann hadert und streitet im ganzen Lande« (Jeremia 15,10). Immerhin antwortet der Herr ganz direkt darauf: »Wohlan, ich will etliche von euch übrig lassen, denen es wieder wohl gehen soll« (Vers 11).

Jeremia muss seinem Volk noch viel untragbar hartes Leid androhen. Er zerbricht über seinem Auftrag: »Verflucht sei der Tag, an dem ich geboren bin ... Am Morgen soll er Wehklage hören und am Mittag Kriegsgeschrei, weil er mich nicht getötet hat im Mutterleibe, so dass meine Mutter mein Grab geworden und ihr Leib ewig schwanger geblieben wäre! Warum bin ich doch aus dem Mutterleib hervorgekommen« (Jeremia 20,14.16-18).

Doch vielleicht ist es gerade das Leiden Jeremias am Leid seines Volkes, das ihn, wie keinen Zweiten, zum Heilspropheten für Israel qualifiziert. Er darf voraussehen, dass der Herr »dem David einen gerechten Spross erwecken« wird (Jeremia 23,5). Gerade weil er an seinem Auftrag, »auszureißen und einzureißen, zu zerstören und zu verderben«, zerbricht, darf er auch »bauen und pflanzen« (Jeremia 1,10) und seinem Volk die Worte des Gottes Israels verkündigen: »Ich habe dich je und je geliebt ... Wohlan, ich will dich wiederum bauen ... du sollst dich wieder schmücken, Pauken schlagen und herausgehen zum Tanz. Du sollst wiederum Weinberge pflanzen an den Bergen Samarias; pflanzen wird man sie und ihre Früchte genießen« (Jeremia 31,3-5). Worte des Trostes, der Ermutigung und der Hoffnung, die schließlich in die Verheißung einmünden: »Siehe, es kommt die Zeit, spricht der Herr, da will ich mit dem Hause Israel und mit dem Hause Juda einen neuen Bund schließen ... Ich will mein

Gesetz in ihr Herz geben und in ihren Sinn schreiben, und sie sollen mein Volk sein, und ich will ihr Gott sein« (Jeremia 31,31.33).

Dieselbe Einstellung wie bei Mose und Jeremia finden wir auch bei ***Jesus*** von Nazareth. Der Messias Israels klagt über das unbußfertige und doch bleibend auserwählte Volk: »Jerusalem, Jerusalem ... Wie oft habe ich deine Kinder versammeln wollen, wie eine Henne ihre Küken versammelt unter ihre Flügel« (Matthäus 23,37). Der Herr verliert das furchtbare Gericht nicht aus dem Blick. Doch die Verheißung einer ungebrochenen Gemeinschaft mit dem Gott Israels behält das letzte Wort: Die Zeit wird kommen, in der sie ihn sehen und sprechen werden: »Gelobt sei, der da kommt im Namen des Herrn!« (Matthäus 23,39).

Diese Liebe zum jüdischen Volk ist bis zum Kreuz hin sichtbar. Dort hing Jesus als Verfluchter.[16] Er war der Einzige, »der von keiner Sünde wusste« (2. Korinther 5,21). So war er in der Lage, für sein Volk in den Riss zu treten, seine Schuld zu tragen. Angesichts des Hasses, des Spottes und der Ablehnung, die ihm von den Führern derer, für die er litt, entgegenschlug, wurde der Verfluchte doch nicht zum Verfluchenden.

Unter größten inneren und äußeren Schmerzen bittet der Heiland mit letzter Kraft: »Vater, vergib ihnen, denn sie wissen nicht, was sie tun!« (Lukas 23,34). »Mein Gott, mein Gott, warum hast du mich verlassen?!« (Matthäus 27,46), schreit der, der wie kein anderer sagen konnte: »Ich und der Vater sind eins« (Johannes 10,30). Nur der Messias Jesus konnte die Gottesferne anstelle Israels bis zur letzten Konsequenz ausleben.

---

[16] Galater 3,13 mit Rückbezug auf 5. Mose 21,23.

Von Mose bis Paulus hat mancher diese Liebe auf dem Herzen getragen und ausgesprochen. Anstatt sich von der Schuld seines Volkes zu distanzieren, hat sich Jesaja – wie Mose, Jesus und Paulus – mit Israel identifiziert. Wie Samuel und Jeremia stellt er sich im Angesicht seines Gottes unter die Last, die sein Volk auf sich geladen hat: »*Wir* wären wie Sodom und gleich wie Gomorra!« (Jesaja 1,9).

Diese Liebe, die dem Geist Jesu entspringt, ist die Grundvoraussetzung für jegliches Reden und Denken über Israel. Diese Liebe, die sich bedingungslos hingibt, auch um den Preis des eigenen ewigen Verlorenseins, ist die einzig legitime Basis für jegliches theologische Reden über Israel, weil nur diese Liebe dem Herzen Gottes entspricht. Ohne diese Liebe ist in den Augen Gottes alle prophetische Erkenntnis, aller Glaube, aller Einsatz für »die richtige Sache« nichts (1. Korinther 13). Nur auf dieser Grundlage kann eine Begegnung mit dem jüdischen Volk Frucht tragen, die in den Augen unseres himmlischen Vaters Bestand hat.

Was bedeutet das konkret?

Wenn Israel heute gegen die Güte seines Gottes murren, sich mit Herzen, Mund und Händen gegen seine Pläne sträuben und nur »zurück nach Ägypten« streben sollte – *dann* kann unsere Reaktion nur sein, mit Mose vor unserem himmlischen Vater für sie einzutreten: »So lass nun deine Kraft, o Herr, groß werden ... und vergib die Missetat dieses Volks nach deiner großen Barmherzigkeit« (4. Mose 14,17.19).

Und *wenn* das jüdische Volk um alle denkbaren »goldenen Kälber« unserer Zeit tanzen und allen »Baalen« der Gegenwart nachlaufen sollte, *wenn* es sein will »wie alle Völker« und, aus welchen Gründen auch immer, den Messias Gottes ablehnt – *dann* können wir nur, mit den beiden größten Propheten aller Zeiten, mit den einzigen, die den lebendigen Schöpfergott von Angesicht zu Angesicht kannten, sagen: »Vater, vergib ihnen, denn sie wissen nicht, was sie tun! – Wenn nicht, dann tilge mich aus deinem Buch, das du geschrieben hast« (Lukas 23,34; 2. Mose 32,32).

Und *wenn* das »Israel nach dem Fleisch« die Gemeinde verfolgen sollte, gegen die »Moses«, »Samuels« und »Jeremias« unserer Zeit rebellieren und die »Stephanusse« und »Paulusse« von heute anfeinden sollte, *dann* werden wir *nur* »voll Heiligen Geistes« – erfüllt mit dem Geist, der das Denken und Sehnen eines Mose, Samuel, Jeremia, Daniel, Jesus, Stephanus und Paulus durchtränkte – »den Himmel offen« sehen können (Apostelgeschichte 7, 54-60).

Und wenn die ganze Welt das moderne Israel – manchmal mit ausdrücklicher Berufung auf das Neue Testament – als »Kleingläubige«, »Heuchler«, »Schlangenbrut«, »ungläubiges«, »abtrünniges«, »verkehrtes« und »böses Geschlecht«, das »den Teufel zum Vater« hat, oder gar als »Satan« bezeichnet,[17] dann kommt für mich noch eine weitere Beobachtung aus den oben erwähnten bibli-

[17] Alle diese Bezeichnungen werden in verschiedenen Kontexten im Neuen Testament für verschiedene Gruppen oder einzelne Juden gebraucht. Vergleiche dazu Matthäus 3,7; 12,34.39; 15,7; 16,4.8.23; 17,17; Markus 7,6; 8,33; 9,19; Lukas 3,7; 9,41 und Johannes 8,44. Die Frage der neutestamentlichen Kritik am jüdischen Volk kann hier nicht erschöpfend behandelt werden. Nur so viel: Alle oben genannten

schen Texten zur Geltung: Der Prophet Jeremia hätte allen Grund gehabt, angesichts des tatsächlichen Zustandes sein Volk als »Hure« oder »Prostituierte« zu bezeichnen. Doch er nennt es »Jungfrau« (Jeremia 14,17), entsprechend den ursprünglichen Vorstellungen Gottes und entsprechend den »Gaben und Berufungen«, die Gott nicht gereuen können (Römer 11,29).

Genauso beginnt der Apostel Paulus seine Ausführungen über Bestimmung und Zukunft Israels nicht mit einer Klarstellung, wo Israel eigentlich steht, weil es sich gegen den Messias Israels, den Gesalbten des Herrn und seine Anhänger gestellt hat. Seine Terminologie zur Beschreibung des jüdischen Volkes ist ausnahmslos positiv – und den Ausdruck, den die Kirche in ihrer zweitausendjährigen Geschichte sooft für das jüdische Volk verwendet hat, »verflucht und von Christus getrennt«, möchte er auf sich selbst bezogen wissen.

Bezeichnungen entstammen ***innerjüdischen*** Auseinandersetzungen und bekommen eine andere – meist antisemitisch gefärbte – Qualität, wenn sie von Nicht-Juden auf Juden angewandt werden. In diesem Zusammenhang möchte ich auch auf den Artikel von Peter Wick verweisen: »Ist 1. Thess 2,13-16 antijüdisch? Der rhetorische Gesamtzusammenhang des Briefes als Intepretationshilfe für eine einzelne Perikope«, Separatdruck der Theologischen Zeitschrift, herausgegeben von der Theologischen Fakultät der Universität Basel, Jahrgang 50-1994 (Basel: Friedrich Reinhardt Verlag).

III. Kapitel

»Die Israeliten sind …«

Der Reichtum Israels (Römer 9,4–5)

»Israeliten« nennt der Apostel Paulus seine Volksgenossen, an deren Stelle er »verflucht und von Christus getrennt« sein will. Damit schließt er von vornherein aus, dass der Begriff »Israel« in diesem Kontext eine andere Bedeutung als »das Israel nach dem Fleisch« (1. Korinther 10,18) haben könnte. Paulus redet hier zweifellos vom jüdischen Volk, das den Messias Jesus ablehnt und in manchen Fällen sogar die Gemeinde verfolgt.

Er bezeichnet sie nicht als »Juden«. Für die heidnischen Adressaten des Apostels wäre das vielleicht am verständlichsten oder auch selbstverständlichsten gewesen.

Er bezeichnet sie auch nicht als »Jakob« oder »Haus Jakob«. Dadurch hätte er den »Fersenhalter«, den »Hinterlistigen« assoziiert. Jakob hatte »schon im Mutterleibe seinen Bruder betrogen«. Sein Erstgeburtsrecht erwarb er nur durch die Gedankenlosigkeit des älteren Bruders. Eine List der Mutter und eine Lüge gegenüber dem alten Vater verschafften ihm den Erstgeburtssegen.[18]

Die alttestamentlichen Propheten benutzen den Begriff »Jakob«, »Haus Jakob« oder »Jakobs Söhne« oft, wenn

---

[18] Vergleiche dazu 1. Mose 25,26-34; 27,1-29.36; Hosea 12,4. Die Bibel zeichnet Jakob ganz nüchtern als denjenigen, der durch List reich wurde (1. Mose 30,25-43). Die Verwandtschaft seiner Frau fühlte sich von ihm betrogen und wandte sich gegen ihn (1. Mose 31,1-2). Jakob täuschte seinen Schwiegervater Laban, so dass er dessen Zorn fürchten musste (1. Mose 31,20.31).

sie dem »tollen Volk, das keinen Verstand hat« Gericht ansagen müssen, dass es vom Herrn »verstoßen« sei, oder dass Er »sein Antlitz vor ihm verborgen« habe.[19] So ruft zum Beispiel der Prophet Maleachi aus (3,6-7): »Ihr habt nicht aufgehört, Jakobs Söhne zu sein: Ihr seid von eurer Väter Zeit an immerdar abgewichen von meinen Geboten und habt sie nicht gehalten.«

Paulus bezeichnet seine »Stammverwandten nach dem Fleisch« auch nicht als »Hebräer«. Das Wort »Hebräer«, hebräisch »ivrim«, kommt von der Wortwurzel »avar«, die die Bedeutung »hinübergehen«, »überschreiten«, »weitergehen« trägt. »Hebräer« »gehen hinüber« vom »Land der Knechtschaft«[20] in das »Gelobte Land«. Sie sind im Wechsel begriffen vom »Jakob« zum »Israel«. Diesen Weg müssen sie durch die »Wüste« und durch »Wasser« gehen, die in der Bibel für Gottes Gerichtshandeln stehen, das reinigt und zubereitet.[21] Dabei erlangen sie oftmals das Verheißene nicht, sondern sehen es nur von ferne (Hebräer 11,13).

Ausdrücklich bezeichnet der Apostel Paulus seine Volksgenossen als »Israeliten«! In 1. Mose 32,23-33 wird berichtet, wie Jakob den Namen »Israel« erhält. Bis zum

[19] Vergleiche dazu z. B. Jesaja 2,5-8; 8,17; Jeremia 5,20; Hosea 12,3-5.13; Amos 6,8 und Römer 11,26, wo Paulus den Begriff »Jakob« im Zusammenhang mit der »Gottlosigkeit« des Gottesvolkes verwendet.

[20] Im Alten Testament wird der Begriff »Hebräer« in den meisten Fällen im Verhältnis zu Ausländern gebraucht. Dabei ist der »Hebräer« heimatlos, verfolgt, unterdrückt, tributpflichtig oder in anderer Weise unfrei. Wenn Israeliten untereinander als »Hebräer« bezeichnet werden, dann ausschließlich, wenn einer den anderen versklavt (2. Mose 21,2; 5. Mose 15,12; Jeremia 34,9).

[21] Vergleiche dazu auch die Bedeutung der Taufe: Sterben und Auferstehen.

Morgengrauen hatte er »mit Gott und mit Menschen gekämpft und gewonnen«. Dabei liegt in diesem Bericht der Nachdruck auf Jakobs Aktion und Erfolg.

Doch die grammatikalische Form des Namens »yisra-'el« bedeutet wörtlich übersetzt »Gott wird streiten, kämpfen, herrschen«. Damit ist schon angedeutet, was im Zusammenhang von 1. Mose 35,9-12 noch deutlicher wird. Dort bestätigt Gott den neuen Namen Jakobs nach dessen Rückkehr in das verheißene Land. Die Anstrengungen und Errungenschaften Jakobs werden gar nicht mehr erwähnt. Stattdessen betont der biblische Text: »Ich bin Gott, der Allmächtige«.

»Israel« verkündet mit seinem Namen, seinem Wesen und seiner Existenz, was Mose den Israeliten in einer total ausweglosen Lage zugerufen hatte: »Der Herr wird für euch streiten, und ihr sollt stille sein« (2. Mose 14,14). Und während der Wortgebrauch Moses den Ausgang der Schlacht mit den Ägyptern noch in gewisser Weise offen lässt, trägt der Name »Israel« schon die Verheißung in sich: Gott wird herrschen!

Im Neuen Testament wird der Name »Israel/Israelit« als Ehrentitel verwendet. Jesus nennt Nathanael einen »rechten Israeliten, in dem kein Falsch ist«. Über die Unkenntnis des Nikodemus ist er gerade deshalb so erstaunt, weil er »Israels Lehrer« ist. Ansonsten verwendet Jesus den Ausdruck »Israel/Israelit« nur sehr vorsichtig und ausschließlich im Gegensatz zu »den Heiden«.[22]

Petrus, Paulus und andere, die eine besonders wohlwollende Aufmerksamkeit von jüdischen Menschen

---

[22] Johannes 1,47 und 3,10; ferner Matthäus 10,5.6; 15,24; 8,10-12; Lukas 4,25.26.27; 7,9.

erwarten, reden sie mit »Männer von Israel« an.[23] Besonders deutlich wird der bewusste Sprachgebrauch des Neuen Testaments in dieser Hinsicht bei einem Vergleich der Verwendung der Begriffe »König der Juden« und »König Israels«. Vom »König der Juden« reden ausschließlich Nichtjuden.[24] Juden dagegen, die ihre Heiligen Schriften kennen, sprechen ausnahmslos vom »König Israels«.[25]

Friedrich Adolph Philippi fasst diesen Befund zusammen: »In dem Namen Israelit lag die ganze Würde des Volkes beschlossen: denn er deutete an, dass die Verheißung und Hoffnung Jakobs zugleich mit seinem Namen auf seine Nachkommen übergegangen sei.«[26] In dem Ehrentitel »Israelit« sind alle von Gott verliehenen Reichtümer des jüdischen Volkes, die im nun folgenden Satz genannt werden, enthalten:

---

[23] Apostelgeschichte 2,22; 3,12; 5,35; 13,16; 21,28. Vergleiche hier auch die Zusammenhänge, in denen der Apostel sich selbst als »Israeliten« bezeichnet: Römer 11,1; 2. Korinther 11,22; Philipper 3,5.

[24] Die Weisen aus dem Morgenland (Matthäus 2,2); die römischen Soldaten, die Jesus geißeln (Matthäus 27,28-30; Markus 15,16-19; Johannes 19,2-6) oder unter dem Kreuz stehen (Lukas 23,37); Pilatus (Matthäus 27,11/Markus 15,2/Lukas 23,3; Markus 15,9.12.13; Johannes 18,33-40; 19,14-15), wie auch die von ihm auf dem Kreuz Jesu aufgesetzte Überschrift (Matthäus 27,37/Markus 15,26/Lukas 23,38/Johannes 19,19-22).

[25] So sagt Nathanael zu Jesus: »Rabbi, du bist Gottes Sohn, du bist der König von Israel!« (Johannes 1,49). Die Menschen rufen beim Einzug Jesu in Jerusalem: »Hosianna! Gelobt sei, der da kommt in dem Namen des Herrn, der König von Israel!« (Johannes 12,13). Selbst die jüdischen Spötter unter dem Kreuz Jesu reden an keiner Stelle vom »König der Juden«, sondern nur vom »König Israels« (Matthäus 27,41.42; Markus 15,32).

[26] Philippi, 402.

1. Die Kindschaft

... denen die Kindschaft gehört ... (Römer 9,4).

Martin Luther übersetzte das Wort »hyothesia« mit »Kindschaft«. Im Neuen Testament kommt es nur in den Schriften des Paulus vor.[27] Bei den griechischen Autoren der vorchristlichen Zeit ist es genauso unbekannt wie in den griechischen Versionen des Alten Testaments, einschließlich der Apokryphen. Abgesehen von den fünf paulinischen Stellen bleibt uns also nur das Wort selbst zur Erklärung seiner Bedeutung.

Wörtlich übersetzt bedeutet »hyothesia« »Sohnes-Stand« oder »Sohnes-Setzung«. Paulus bezeichnet damit normalerweise eine Beziehung Gottes mit der durch das Blut Jesu erlösten Gemeinde. In unserem Falle wird mit diesem Wort die Beziehung Gottes zu Israel charakterisiert. Der Bedeutungszusammenhang stellt in allen Fällen klar, dass es sich bei der »hyothesia« um eine Gabe Gottes handelt. Dabei ist nicht von einem Zustand der Menschen die Rede, sondern von einer Einstellung Gottes zu seinen Geschöpfen. Im relativ kurzen Zusammenhang von Römer 8 und 9 ist interessant, dass Paulus dieses vielleicht selbst gemachte Wort einerseits dazu verwendet, um zu beschreiben, wonach wir uns sehnen, die »wir den Geist der Erstlingsgabe haben« (Römer 8,15.23). Wenige Sätze später behauptet er, dass diejenigen, »die Israeliten sind«, diese Beziehung zu Gott bereits haben!

---

[27] Insgesamt fünfmal, und zwar in Römer 8,15.23; 9,4; Galater 4,5; Epheser 1,5.

Durch das gesamte Alte Testament hindurch ist Gottes Einstellung gegenüber seinem Volk als Vater-Sohn-Beziehung beschrieben.[28] Deshalb besitzt Israel ein Erbrecht. Deshalb züchtigt Gott sein Volk und weist es wie kein anderes zurecht. Er eifert um seinen »Erstgeborenen«. Dem Pharao lässt er durch Mose sagen: »Israel ist mein erstgeborener Sohn; und ich gebiete dir, dass du meinen Sohn ziehen lässt, dass er mir diene. Wirst du dich weigern, so will ich deinen erstgeborenen Sohn töten« (2. Mose 4,22-23). Der »Sohn Israel« erfreut sich einer ganz besonderen Hingabe und Zuwendung seines »Vater-Gottes« und hat dadurch einen einzigartigen Zugang zum Schöpfer des Universums.

Daran sind allerdings auch ganz besondere Erwartungen geknüpft. Gottes »erstgeborener Sohn« soll frei sein von der ägyptischen Sklaverei, um seinem Vater dienen zu können. Der »Sohnesstand« beinhaltet die Verpflichtung: »Ihr seid Kinder [Banim = Söhne] des Herrn, eures Gottes. Ihr sollt euch um eines Toten willen nicht wund ritzen noch kahl scheren über den Augen. Denn du bist ein heiliges Volk dem Herrn, deinem Gott, und der Herr hat dich erwählt, dass du sein Eigentum seist, aus allen Völkern, die auf Erden sind« (5. Mose 14,1-2).

---

[28] Siehe zum Beispiel Jesaja 64,7; Jeremia 31,9.20; Hosea 11,1; Maleachi 1,6; 2,10.

2. Die Herrlichkeit

... und die Herrlichkeit ... (Römer 9,4).

Mit »doxa« wird im Neuen Testament die »äußerliche Erscheinung«, der »Glanz« oder die »Ausstrahlung« einer Sache oder Person bezeichnet. Das hebräische Wort »kavod« hängt mit »kaved« (schwer) zusammen und deutet auf das »Gewicht« einer Persönlichkeit. So bedeutet »doxa« dann auch »Exzellenz«, »Ruhm«, »Ehre« oder »Herrlichkeit«.

Wenn Paulus hier von *der* Herrlichkeit spricht, dann meint er damit die Herrlichkeit des Herrn. Die sichtbare, lichtvolle Erscheinung der Gegenwart des unsichtbaren Gottes, die Israel auf dem Sinai als verzehrendes Feuer begegnet war. Während die Wolke über der Stiftshütte ruhte, erfüllte sie die Wohnung in der Wüste. Dort im Allerheiligsten wohnte die Gegenwart des Herrn. Deshalb sollte der Hohepriester Aaron nicht »hinter den Vorhang vor den Gnadenthron, der auf der Lade ist«, gehen, »damit er nicht sterbe«. Nachdem Salomo sein Gebet bei der Einweihung des Tempels »vollendet hatte, fiel Feuer vom Himmel und verzehrte das Brandopfer und die Schlachtopfer, und die Herrlichkeit des Herrn erfüllte das Haus, so dass die Priester nicht ins Haus des Herrn hineingehen konnten.«

Die »Herrlichkeit des Herrn« ist das Thema, welches das Buch Hesekiel strukturiert. Der Prophet beobachtet am Anfang, wie die Herrlichkeit des Herrn den Tempel in Richtung Osten, über den Ölberg, verlässt. Sie geht mit dem Volk in die Gefangenschaft nach Babylon. Erst nachdem er die Wiederherstellung des Volkes, des Landes und des Tempels geschaut hat, kehrt auch die Herrlichkeit wieder zurück.

Diese »Klarheit des Herrn leuchtete um« die Hirten auf dem Felde, als der Engel ihnen »große Freude« verkündigte. Und der Seher Johannes sieht »die heilige Stadt, das neue Jerusalem als die Hütte Gottes bei den Menschen, in der Er bei ihnen wohnen wird, und sie werden sein Volk sein, und er selbst, Gott mit ihnen, wird ihr Gott sein«. Der herausragende Wesenszug dieser Stadt ist, dass sie »die Herrlichkeit Gottes hat«. Deshalb bedarf sie weder der Sonne noch des Mondes als Leuchte.[29]

Die hebräische Wortwurzel, die diese Texte durchzieht, ist die Wurzel »shakhan«. Sie trägt die Bedeutung »sich niederlassen«, »ruhen« und »wohnen«.[30] Die Rabbiner prägten den von dieser Wortwurzel abgeleiteten Begriff »shekhinah«, um damit die Herrlichkeitsgegenwart Gottes zu bezeichnen. Der Begriff »shekhinah« kommt im Alten Testament nicht vor.

Im Römerbrief ist die »shekhinah« ein durchgängiges Thema. In Römer 1,23 beklagt der Apostel, dass die Menschen »die ›shekhinah‹ des unvergänglichen Gottes vertauscht [haben] mit einem Bild«, weshalb dann allen,

[29] Vergleiche dazu 2. Mose 24,16-17; 40,34-35; 3. Mose 16,2; 1. Könige 8,10-11; 2. Chronik 7,1-2; Hesekiel 10; 11,22-24; 43,1-5; Lukas 2,9; Offenbarung 15,8; 21,2-3.10-11.23.

[30] Vergleiche auch das hebräische »mishkan« (»Wohnung«, als Bezeichnung für die Stiftshütte) und das griechische »he skene« für »die Hütte« Gottes und »skenoo« (wohnen).

ohne Unterschied, die »shekhinah« fehlt.[31] In Römer 5, 1-2 stellt er fest: »Da wir nun gerecht geworden sind durch den Glauben ... rühmen [wir] uns der Hoffnung der zukünftigen ›shekhinah‹.«[32] Und in Römer 6,4 ist es die »shekhinah« des Vaters, durch die Christus auferweckt wurde. Durch die »shekhinah« wandeln auch wir in einem neuen Leben. Diese Herrlichkeitsgegenwart des lebendigen Gottes, die wir im Glauben in der Zukunft erhoffen, gehört nach den Worten des Paulus jetzt schon zu den Reichtümern Israels: Gott wohnt inmitten der Israeliten.

3. Die Bundesschlüsse

... und die Bundesschlüsse ... (Römer 9,4).

Im biblischen Sprachgebrauch verschafft ein Bundesschluss einer Person einen bestimmten Status oder garantiert Frieden, Erfolg, Rettung, Sühnung oder Versöhnung.[33] Im Gegensatz zu vielen Übersetzungen ist im

[31] Römer 3,23; Luther übersetzte: »sie sind allesamt Sünder und ermangeln des Ruhmes, den sie bei Gott haben sollten«, und die Herausgeber der revidierten Fassung von 1984 fügen als Fußnote hinzu: »Wörtlich: Alle haben gesündigt und die Herrlichkeit verloren, die Gott ihnen zugedacht hatte.« Der griechische Urtext lässt jedoch auch meine hier vertretene Auslegung zu, weil dort wortwörtlich einfach nur steht: »es fehlt/mangelt ihnen die Herrlichkeit des Gottes.«

[32] Auch hier steht wörtlich nur: »die Herrlichkeit des Gottes.«

[33] Vergleiche dazu beispielsweise die Aussagen über und Auswirkung von Bundesschlüssen in 5. Mose 29,8; Josua 9,15; 2. Chronik 15,12-15; Psalm 111,9; Römer 11,27; Galater 4,24-26.28; Hebräer 8,6-13; 9, 15-20; 10,16.

Urtext eindeutig von einer Mehrzahl von »Bundesschlüssen« die Rede, die Israel gehören. Dabei ist wohl an folgende im Alten Testament erwähnten Bundesschlüsse zu denken:

a) Gottes Bund mit Abraham

beinhaltet die Verheißungen: i) »Du sollst ein Vater vieler Völker werden« (1. Mose 17,4); und: ii) »Deinen Nachkommen will ich dies Land geben, von dem Strom Ägyptens an bis an den großen Strom Euphrat.«[34] Schon Abraham gegenüber legte Gott diesen Bund ausschließlich und – gerade im Blick auf Ismael – unübertragbar auf die Linie Abraham-Isaak-Jakob, das heißt auf »die Israeliten« fest (1. Mose 17,18-21).

b) Der Bundesschluss Gottes mit Israel am Sinai

ist im Gegensatz zum Abrahambund an eine Bedingung gebunden: »Werdet ihr nun meiner Stimme gehorchen und meinen Bund halten, so sollt ihr mein Eigentum sein vor allen Völkern« (2. Mose 19,5). Wie diese Bundesverpflichtungen für Israel konkret aussehen, kommt besonders in den Zehn Geboten zum Ausdruck.[35]

Weil der Herr diesen Bund »nicht mit unsern Vätern ... sondern mit uns, die wir heute hier sind und leben« (5. Mose 5,3) geschlossen hat, wurde der Sinaibund im

[34] 1. Mose 15,18; Vergleiche dazu 1. Mose 17,5-8; 2. Mose 6,4-5.
[35] 2. Mose 20,1-17; 5. Mose 5,5-22.

Laufe der Geschichte Israels immer wieder erneuert.[36] Ein weiterer Unterschied zum Abrahambund ist, dass der Sinaibund an keiner Stelle als »ewiger Bund« bezeichnet wird. Wann immer Israel diesen Bund durch seinen Ungehorsam gebrochen hat, erinnert sich Gott an seinen Bund mit Abraham, Isaak und Jakob,[37] der mehrfach als »ewiger Bund« bezeichnet wird.[38]

c) Der Sabbat-Bund

könnte als Teil des Sinaibundes betrachtet werden, wird jedoch ausdrücklich als eigenständiger »brit olam« (»ewiger Bund«) bezeichnet. Auch der Rückbezug auf den Sabbat als Schöpfungsordnung hebt ihn aus dem Sinaibund hervor. Schließlich hat der Sabbat-Bund eine besondere Bedeutung auch für die »Verschnittenen« und »Fremden« in der Zukunft, die beim Sinaibund ansonsten nicht erkennbar ist.[39]

d) Gottes Bund mit Pinchas

wird als »mein Bund des Friedens« und »Bund eines ewigen Priestertums« für Pinchas und seine Nachkommen

---

[36] In der Ebene von Moab, vor dem Einzug der Israeliten in das Land Kanaan (5. Mose 28,69; 29,8-14.20); durch Josua in Sichem (Josua 24,25); durch König Asa von Juda (2. Chronik 15,12-15); bei der Krönung Joaschs von Juda durch den Hohenpriester Jojada (2. Chronik 23,16); ebenso durch die Könige Hiskia (2. Chronik 29,10), Josia (2. Könige 23,2.3.21; 2. Chronik 34,30-33) und Zedekia (Jeremia 34,8.10.13.15.18); und schließlich durch den Schriftgelehrten Esra nach der Rückkehr aus der Babylonischen Gefangenschaft (Esra 10,3).

[37] 2. Mose 2,24; 3. Mose 26,42.44-46; 2. Könige 13,23; Psalm 106,44-45; Lukas 1,72; vergleiche auch 5. Mose 4,31.

[38] 1. Chronik 16,15-18; Psalm 105,8-12 und auch Galater 3,15.17-18.

[39] 2. Mose 31,12-17; 3. Mose 24,8; Jesaja 56,4-7.

bezeichnet. Der Priester Pinchas wurde damit von Gott ausgezeichnet, »weil er für seinen Gott geeifert und für die Israeliten Sühne geschafft hat.«[40]

e) Gottes Bund mit dem König David

ist wie der Pinchasbund ein »brit olam«, ein ewiger Bund von ganz besonderer Qualität. Der Bestand des Davidsbundes ist an die Schöpfungsordnung gebunden.[41] Diesem König von Israel und Mann nach dem Herzen Gottes wird durch den Propheten Nathan ein Nachkomme verheißen, »der soll meinem Namen ein Haus bauen, und ich will seinen Königsthron bestätigen ewiglich.«[42]

f) Der neue Bund

wird so oft wie kein anderer Bund als »brit olam« bezeichnet.[43] Er ist ganz anders geartet und steht ausdrücklich anstelle des Sinaibundes. Weil der durch Mose vermittelte Bund so oft gebrochen wurde, will der Herr einen neuen Bund »mit dem Hause Israel und mit dem Hause Juda« schließen. Außer der vollkommenen Vergebung aller Sünden beinhaltet dieser Bundesschluss auch, dass die Weisung Gottes in das Herz des Volkes gegeben und in ihren Sinn geschrieben wird. »Keiner wird den andern noch ein Bruder den andern lehren und sagen: ›Erkenne den Herrn‹, sondern sie sollen mich alle erkennen, beide, klein und groß« (Jeremia 31,31-34).

---

[40] 4. Mose 25,10-13; ferner ist dieser Bund erwähnt in Nehemia 13,29; Jeremia 33,20-22 und Maleachi 2,4-9.
[41] 2. Samuel 23,5; Psalm 89,28-38; 132,11-13 und dann besonders auch Jeremia 33,20-22.25-26.
[42] 2. Samuel 7,13; vergleiche dazu auch Psalm 89,4-5.
[43] Jesaja 61,8; Jeremia 32,40; 50,5; Hesekiel 16,59-62; 37,26.

Alle diese Bundesschlüsse definieren eine besondere, exklusive und verbindliche Beziehung[44] zwischen Gott und Israel.

4. Die Gesetzgebung

... und die Gesetzgebung ... (Römer 9,4).

Der Apostel hat diesen Vorzug des jüdischen Volkes schon im ersten Teil des Römerbriefes hervorgehoben: »Ihnen ist anvertraut, was Gott geredet hat« (Römer 3,2). Angefangen vom Sinai und dann weiterhin »vielfach und auf vielerlei Weise ... durch die Propheten« (Hebräer 1,1) hat sich Gott dem Volk Israel geoffenbart. Der Psalmist (147,20) bekennt: »So hat er an keinem [anderen] Volk getan.«

Doch das Wort »nomothesia«, das nur hier an dieser Stelle im Neuen Testament vorkommt, beinhaltet mehr als nur den Inhalt der Tora. Wörtlich übersetzt bedeutet es »Gesetzgebung« oder auch »Gesetzes-Setzung«. Es bezeichnet den Akt der Weitervermittlung der Tora. Gott hat dieses Volk in einzigartiger Weise dazu auserwählt und befähigt, um dadurch »der Welt das unvergängliche Licht der Tora« zu geben (Weisheit 18,4). Praktisch alle Schriften der Bibel, einschließlich des Neuen Testaments, außer vielleicht dem Lukasevangelium, der Apostelgeschichte und dem Hebräerbrief, sind von Juden verfasst worden.

Nicht zuletzt dadurch, dass das jüdische Volk das Hebräische, die Sprache der Propheten, lebendig erhalten hat, hat es einen unmittelbareren und lebendigeren Zu-

[44] 2. Mose 23,31-33; 34,10.12.15; 5. Mose 4,23; 17,2-5; Josua 23,16.

gang zum Wort Gottes. Wir müssen uns fragen lassen, ob nicht auch im Bereich der Erklärung der Heiligen Schrift dem jüdischen Volk etwas gegeben ist, was wir als Nichtjuden von ihnen lernen können.

Vielleicht liegt ein Funke Wahrheit in der im babylonischen Talmud (Traktat Berachot 5a) überlieferten Auslegung von 2. Mose 24,12. Dort erklärt Rabbi Levi ben Chama im Namen von Rabbi Shim'on ben Lakish: »Was bedeutet, wenn geschrieben steht: ›dass ich dir gebe die steinernen Tafeln, Gesetz und Gebot, die ich geschrieben habe, um sie zu unterweisen‹? ›die steinernen Tafeln‹ bedeutet die Zehn Gebote; ›Gesetz‹ bedeutet die fünf Bücher Mose; ›Gebot‹ bedeutet die Mischna[45]; ›die ich geschrieben habe‹ bedeutet die Propheten und die Geschriebenen[46]; ›um sie zu unterweisen‹ bedeutet die Gemara.[47] Das sagt uns, dass alle diese Dinge schon dem Mose am Sinai gegeben wurden.«

Wenn auch die Auslegung der Tora den Israeliten gehört, würde es uns als »Gläubigen aus den Heidenvölkern« gut anstehen, »***unter*** dem Feigenbaum zu sitzen« – der ja in der Bibel auch ein Bild für das jüdische Volk ist – und unseren jüdischen Freunden lernend zuzuhören, anstatt besserwisserisch und rechthaberisch »***darüber*** zu schweben«. Schließlich ist es von der auch uns noch bevorstehenden Zukunft gesagt, dass die Weisung von Zion ausgehen wird »und des Herrn Wort von Jeru-

---

[45] Sammlung von mündlich überlieferten Bestimmungen, die Rabbi Yehuda HaNasi im 2. Jahrhundert unserer Zeitrechnung schriftlich zusammengefasst hat; bildet den Kern des Talmud.

[46] Unser Altes Testament außer den fünf Büchern Mose.

[47] Die Auslegung der Mischna, die zusammen mit dieser den Talmud bildet.

salem« (Jesaja 2,3). Jesus sagt in Matthäus 23,2-3: »Auf dem Stuhl des Mose sitzen die Schriftgelehrten und Pharisäer. Alles nun, was sie euch sagen, das tut und haltet.« Vielleicht will der Apostel Paulus dieses Wort Jesu ja nur wiederholen und unterstreichen, wenn er betont, dass den Israeliten die Weitergabe der Tora Gottes gehört?

5. Der Gottesdienst

... und der Gottesdienst ... (Römer 9,4).

Bis zum heutigen Tage bezieht sich der jüdische Synagogengottesdienst nicht nur in den Bezeichnungen der einzelnen liturgischen Teile, sondern auch inhaltlich auf den levitischen Opferdienst zurück. Damit ist der Gottesdienst der Israeliten die einzige Gottesdienstform, die auf ausdrückliche, in der Tora bis ins Detail schriftlich festgehaltene Anweisungen Gottes zurückgeht.

Nachdem die fünf Bücher Mose sehr viel Raum darauf verwendet haben, den von Gott gewollten Gottesdienst zu beschreiben, bieten spätere biblische Schriften, bis hinein ins Neue Testament, keine oder kaum alternative gottesdienstliche Formen. Weder Jesus noch die Apostel oder die Urgemeinde haben sich je grundsätzlich vom Gottesdienst der Israeliten getrennt.

6. Die Verheißungen

... und die Verheißungen, ... (Römer 9,4).

Das Neue Testament erwähnt im Kontext der Worte »epangelia« (Verheißung, Zusage) und »epangellomai« (verheißen, zusagen) folgende »epangelma« (Verheißungsgüter, versprochene Reichtümer), die Gott in Aussicht stellt: das Land[48], Nachkommen[49], Wohlergehen[50], den Messias[51], den Heiligen Geist[52], die Auferstehung von den Toten (Apostelgeschichte 26,6-8), ewiges Leben[53], die »Ruhe« (Hebräer 4,1), das ewige Erbteil[54], einen »neuen Himmel« und eine »neue Erde« (2. Petrus 3,13).

Meiner Beobachtung nach (und ich will hier bestimmt nicht verallgemeinern) beziehen christliche Bibelleser heute in der Praxis alle diese Verheißungen zunächst fraglos – wörtlich oder im übertragenen Sinne – auf sich selbst, um dann im besten Falle an zweiter Stelle zu fragen: Gilt dafür vielleicht auch noch etwas für das Israel, das bislang Jesus als seinen Messias ablehnt?

Der Apostel Paulus geht hier in der Grundlegung seiner »Israel-Theologie« genau anders herum vor. Er hält zunächst fest, dass »den Israeliten« »die Verheißungen« gehören – ohne diese Verheißungen näher zu bestimmen

---

[48] Apostelgeschichte 7,4.5; Hebräer 11,9; 11,13.

[49] Apostelgeschichte 7,17; Römer 4,13-14.16.20-21; 9,8-9; Galater 3,16-19.21-22.29; 4,23.28; Epheser 3,6; Hebräer 6,12-13.15.17; 11,11.17.

[50] Epheser 6,2; 1. Timotheus 4,8.

[51] Apostelgeschichte 13,23.32; Römer 15,8; 2. Petrus 3,4.9.

[52] Lukas 24,49; Apostelgeschichte 1,4.5; 2,33.38.39; Galater 3,14; Epheser 1,13.

[53] 2. Timotheus 1,1; Titus 1,2; Jakobus 1,12; 1. Johannes 2,25.

[54] Hebräer 9,15; Jakobus 2,5.

oder gar einzuschränken! Die Christen in Ephesus dagegen erinnert er daran, dass sie erst »sekundär« durch Jesus Christus Teilhaber dieser Reichtümer Israels wurden: »Denkt daran, dass ihr, die ihr von Geburt einst Heiden wart und Unbeschnittene genannt wurdet ... Fremde außerhalb des Bundes der Verheißung« wart (Epheser 2,11.12).

In dieser Aussage, dass Israel die Verheißungen gehören, mag auch enthalten sein, was Werner de Boor bemerkt: »Israel ist nicht [nur] Empfänger, sondern auch selber Inhalt [eben dieser] Verheißungen.«[55]

7. Die Väter

... denen auch die Väter gehören ... (Römer 9,5).

»Die Väter« sind die Erzväter Abraham, Isaak und Jakob sowie dessen Söhne: Ruben, Simeon, Levi, Juda, Issachar, Sebulon, Benjamin, Dan, Naftali, Gad, Asser und Josef, nach denen die israelitischen Stämme benannt sind. Damit stellt der Apostel einen ganz konkreten geschichtlichen Bezug her, der auch betont wird, wenn sich der lebendige Gott als »Gott Abrahams, Isaaks und Jakobs«, »Gott der Väter« oder »Gott Israels« zu erkennen gibt.[56] Das apokryphe Buch Jesus Sirach setzt im »Lob der Väter« (Kapitel 44-49) einen sehr weiten Rahmen, angefangen von

---

[55] De Boor, 222.

[56] Vergleiche dazu z. B. 2. Mose 3,13.15; 4,5; Matthäus 22,32; Apostelgeschichte 3,13; 5,30.

Adam (49,20) bis hin zu den Führungspersönlichkeiten Israels in nachexilischer Zeit (49,13-15).

Der geschichtliche Bezug wird noch dadurch unterstrichen, dass die aufgezählten Vorzüge Israels durch den Ausdruck »nach dem Fleisch« in den Versen 3 und 5 eingerahmt sind[57]: »die Israeliten«, »ihr« Gott und die beide verbindende Offenbarung haben einen ganz konkreten geschichtlichen Bezug. In der Heiligen Schrift haben wir eben nicht nur »Projektionen menschlicher Wünsche und Ideale in eine angenommene Transzendenz« vor uns, durch die sich, wie Ludwig Feuerbach behauptete, »der Mensch einen Gott nach seinem Bilde« geschaffen hat.

Die Existenz der Israeliten und die Gültigkeit der ihnen vom Schöpfer der Welt verliehenen Vorzüge erweisen die Bibel als Selbstoffenbarung des lebendigen Gottes und unterscheiden den biblischen Glauben grundlegend von allen anderen Religionen, spirituellen Erfahrungen und Erlösungstheorien. »Die Israeliten« sind die konkret fassbare Fußspur des lebendigen Gottes vor unseren Augen. Deshalb gibt Gott Mose den Auftrag: »So sollst du zu den

[57] Friedrich-Wilhelm Marquardt, Die Juden im Römerbrief. Theologische Studien 107, begründet von Karl Barth, herausgegeben von Max Geiger, Eberhard Jüngel, Rudolf Smend (Zürich: Theologischer Verlag Zürich, 1971), 4: »Viermal verwendet Paulus im Römerbrief seine bekannte ›kata sarka‹-Formel in einem ausgezeichneten, das Jüdische spezifisch bezeichnenden Sinn. 1,3 bietet er das ›kata sarka‹ in dem Zitat einer christologischen Bekenntnisformel: Der Sohn Gottes entstammt ›kata sarka‹ dem Sperma Davids, ist also jüdischer Blutsverwandter. 4,1: Abraham ist ›unser‹ Vater ›kata sarka‹, d. h. er ist Vater der Juden, die Juden sind mit Abraham blutsverwandtschaftlich verbunden. 9,3: Die Juden sind die Verwandten des Apostels Paulus ›kata sarka‹, seine Blutsverwandten. 9,5: Von den Juden kommt Christus ›kata sarka‹ her, Christus hat eine jüdische Genealogie, ist jüdischer Blutsverwandter.«

Israeliten sagen: Der Herr, der Gott eurer Väter, der Gott Abrahams, der Gott Isaaks, der Gott Jakobs, hat mich zu euch gesandt. Das ist mein Name auf ewig, mit dem man mich anrufen soll von Geschlecht zu Geschlecht« (2. Mose 3,15).

8. Die Herkunft des Messias

... und aus denen Christus herkommt nach dem Fleisch ... (Römer 9,5).

Dass der Christus dem Fleisch nach aus den Israeliten kommt, dass sie Heimat und Volk des Messias sind, ist das »letzte und höchste der Prärogative [Vorrechte] Israels«.[58] Weil »das Heil von den Juden« kommt (Johannes 4,22), »wurden sie unterschieden als einzigartiges Volk und in all ihren Bedrängnissen bewahrt«.[59]

»›Dass unser Herr Jesus Christus ein geborener Jude sei‹, war nicht nur für Luther, sondern auch schon für Paulus mehr als eine historische Tatsache.«[60] Jesus Christus lässt sich nicht von seinem jüdischen Hintergrund trennen. Gott hat sich zweitausend Jahre Zeit genommen, um das kulturelle, nationale und geistliche Umfeld zu schaffen, in das hinein er seinen Sohn kommen ließ.

Dabei geht es nicht nur um ein historisch-kulturelles Umfeld, aus dem heraus sich antike biblische Texte besser verstehen lassen. Es geht nicht einmal nur um messiani-

---

58 Philippi, 406.
59 Hodge, 300. Vergleiche auch 4. Mose 23,9.
60 Marquardt, op. cit., 45.

sche Prophetien, die sich konkret in der Geschichte erfüllt haben. Am Schluss dieser Reihe von Vorzügen des jüdischen Volkes geht es um den Messias selbst, um das Jüdisch-Sein Jesu. Die biologische Abstammung und das geschichtliche »Kommen« des Christus aus dem Judentum sind theologisch nicht bedeutungslos.[61]

Wer einen für andere Kulturkreise relevanten Erlöser schaffen will und dazu Jesus seines Judentums entkleidet, steht in der Gefahr, einen Gott nach eigenen Maßstäben und Vorstellungen zu fabrizieren und so letztlich dem Götzendienst zu verfallen. Wer sich bewusst von Israel verabschiedet, der sehe sich vor, dass er damit nicht auch unversehens den Messias selbst und damit den einzigen Weg zum Vater verliere. Denn aus den »Stammverwandten [des Paulus] nach dem Fleisch, die Israeliten sind«, kommt nicht zuletzt auch der Christus her »nach dem Fleisch«. Dies ist kein Zufall!

Bei alledem sagt der Apostel Paulus über das jüdische Volk nicht, dass sie ***früher*** einmal Israeliten ***waren***, sondern dass sie bis zum heutigen Tage Israeliten ***sind***! Der Ehrentitel »Israel« und alle darin beinhalteten Reichtümer und Vorzüge gelten für die Gegenwart: »Der Apostel schreibt und predigt ***nach*** der Kreuzigung Jesu von Nazareth, ***nach*** der Ablehnung Jesu als Messias durch die Juden, ***nach*** dem ›der Vorhang im Tempel zerriss in zwei Stücke von oben an bis unten aus‹. Dieses Präsens ist Präsens im Angesichte des Kreuzes Christi, nicht unter Absehen davon.«[62]

---

[61] Vergleiche hierzu Marquardts Folgerungen, op. cit., 64-65.
[62] Marquardt, op. cit., 64.

IV. Kapitel

»Mensch, wer bist du?«

Die Souveränität Gottes (Römer 9,6–33)

Paulus will an die Stelle seiner »Stammverwandten nach dem Fleisch« treten. Das jüdische Volk ist »verflucht und von Christus getrennt«. Im selben Atemzug hält der Apostel dann aber fest, dass sie »Israeliten *sind*«. Obwohl das Volk seinen Messias abgelehnt hat, gehören ihm alle im Namen »Israel« beinhalteten Reichtümer.

Die Frage drängt sich auf, ob das nicht ein unvereinbarer Widerspruch ist. Entweder ist das jüdische Volk »verflucht und von Christus getrennt«, und dann ist es eben nicht mehr »Israel«. Oder aber es hat »die Kindschaft, die Herrlichkeit, die Bundesschlüsse, die Gesetzgebung, den Gottesdienst und die Väter« und dann kann es eigentlich nicht »verflucht und von Christus getrennt« sein. Deshalb betont der Apostel:

Damit sage ich aber nicht, dass Gottes Wort hinfällig geworden sei. Denn nicht alle sind Israeliten, die von Israel stammen; auch nicht alle, die Abrahams Nachkommen sind, sind darum seine Kinder (Römer 9,6-7a).

Mit »Israel« sind die leiblichen Nachkommen Abrahams gemeint. Jetzt behauptet Paulus, dass nur ein Teil Israels den Titel »Israelit« mit den dazugehörigen Privilegien trägt. Nur eine Teilmenge der Gesamtheit der Nachkommen Abrahams sind Kinder. Die leibliche Abstammung ist insofern von Bedeutung, dass man ins »Auswahlverfahren« zum »Israeliten« kommt. Aber sie ist keine Garantie dafür, dass man tatsächlich auch als »erbberechtigt« befunden wird.

Was Paulus in Römer 9,1-5 als »Besitz« Israels anerkannt hat, das besitzt deswegen noch lange nicht einfach jeder Jude. Schon in Römer 2,28-29 hatte der Apostel festgehalten: »Nicht der ist ein Jude, der es äußerlich ist, auch ist nicht das die Beschneidung, die äußerlich am Fleisch geschieht; sondern der ist ein Jude, der es inwendig verborgen ist, und das ist die Beschneidung des Herzens, die im Geist und nicht im Buchstaben geschieht.« Kurz zusammengefasst, lässt sich sagen: Die leibliche Abstammung von Abraham ist noch keine »Heilsgarantie«. Zur Abrahamskindschaft bedarf es *mehr* als einen entsprechenden Stammbaum.[63]

In fünf Gedankenschritten führt Paulus nun aus, worin dieses »Mehr« besteht und auf welcher Grundlage es beruht:

1. Isaak und Ismael

Sondern nur »was von Isaak stammt, soll dein Geschlecht genannt werden«, das heißt: nicht das sind Gottes Kinder, die nach dem Fleisch Kinder sind; sondern nur die Kinder der Verheißung werden als seine Nachkommenschaft anerkannt. Denn dies ist ein Wort der Verheißung, da er spricht: »Um diese Zeit will ich kommen und Sara soll einen Sohn haben« (Römer 9,7b-9).

[63] Vergleiche hierzu auch Matthäus 3,9-10; Johannes 8,31-45.

Anhand des Brüderpaares Ismael und Isaak zeigt der Apostel den Unterschied zwischen dem »Samen« und dem »Kind«, zwischen den »Kindern nach dem Fleisch« und den »Kindern Gottes«, den natürlichen Nachkommen, im Gegensatz zu den »Kindern der Verheißung«, das heißt der berufenen und anerkannten Nachkommenschaft.

Leibliche Nachkommen Abrahams sind nicht nur Isaak, sondern auch Ismael und die Kinder der Ketura, denen Abraham Geschenke gab und sie »noch zu seinen Lebzeiten fort von seinem Sohn Isaak, nach Osten hin ins Morgenland« schickte (1. Mose 25,1-6). Das »Kind« ist nach Römer 8,17 der rechtmäßige Erbe. Während Abraham seine anderen Söhne mit Geschenken versorgte, gab er »all sein Gut Isaak« (1. Mose 25,5).

Damit bestätigt Paulus, was Gott bei der Austreibung Ismaels und seiner Mutter Hagar zu Abraham sagte: »Lass es dir nicht missfallen wegen des Knaben und der Magd ... denn nur nach Isaak soll dein Geschlecht benannt werden« (1. Mose 21,12). Ausschließlich Isaak und seiner Nachkommenslinie gilt die Erwählung, Berufung, Benennung und Anerkennung, als »Erben Abrahams« Verheißungsträger zu sein. Nicht die leibliche Abstammung, die Blutsverwandtschaft mit Abraham ist letztendlich entscheidend, sondern die erwählende göttliche Verheißung.

Charles Hodge macht darauf aufmerksam, dass es nicht ungewöhnlich ist, wenn Ausleger dieser Passage eine Analogie zu Galater 4,22-31 annehmen.[64] Dort stellt der Apostel das Kind der Verheißung, Isaak, dem natürlichen Kind, Ismael, gegenüber. Paulus deutet dann Hagar, die

---

[64] Hodge, 306.

Mutter Ismaels, auf das »jetzige Jerusalem« und Sara, die Mutter Isaaks, auf »das Jerusalem, das droben ist, das ist die Freie; das ist unsre Mutter«.

Bei diesem Analogieschluss wird jedoch der hermeneutische Schlüssel[65], den der Apostel Paulus in Galater 4,24 ausdrücklich nennt, übersehen. Luther übersetzt die entscheidenden Worte »hatina estin allegoroumena« mit »Diese Worte haben tiefere Bedeutung«. Wörtlich muss man übersetzen: »Diese sind allegorisch zu verstehen«, das heißt nicht wörtlich. Der Apostel verdreht in Galater 4 also den ursprünglichen, einfachen Wortsinn der Schrift ins Gegenteil, um etwas zu verdeutlichen. Das ist legitim, wenn man sich darüber im Klaren ist und auch die Zuhörer darauf aufmerksam macht.

Hier in Römer 9-11 fehlt jeglicher Hinweis darauf, dass der ursprüngliche alttestamentliche Text im übertragenen Sinne zu verstehen ist oder gar entgegen der wörtlichen Bedeutung auszulegen wäre. Deshalb bleiben wir bei der ursprünglichen, wörtlichen Bedeutung der Worte »Israel«, »Abraham«, »Sara«, »Isaak« und »Ismael«. Was Paulus hier sagen möchte, macht eine andere Deutung auch gar nicht nötig.

---

[65] Ein »hermeneutischer Schlüssel« erschließt das Verständnis des Textes, gibt eine Verstehenshilfe, wie der Autor die Aussage gemeint hat.

2. Jakob und Esau

Aber nicht allein hier ist es so, sondern auch bei Rebekka, die von dem einen, unserm Vater Isaak, schwanger wurde. Ehe die Kinder geboren waren und weder Gutes noch Böses getan hatten, da wurde, damit der Ratschluss Gottes bestehen bliebe seine freie Wahl – nicht aus Verdienst der Werke, sondern durch die Gnade des Berufenden –, zu ihr gesagt: »Der Ältere soll dienstbar werden dem Jüngeren«, wie geschrieben steht: »Jakob habe ich geliebt, aber Esau habe ich gehasst« (Römer 9,10-13).

Isaak und Ismael waren Halbbrüder. Sie hatten nicht dieselbe Mutter. Ismael war Sohn einer ägyptischen Sklavin. Er wurde außerhalb der regulären Ehe empfangen und war das Ergebnis von Saras und Abrahams Ungeduld. Hier könnte man noch etwas von menschlicher Schuld sehen, die Gottes Handeln auch für unser Rechtsempfinden annehmbar macht.

Bei Jakob und Esau sind alle diese Überlegungen unmöglich. Sie haben nicht nur dieselbe Mutter, sondern entstammen beide, so wörtlich, »demselben Geschlechtsverkehr«. In der Abstammung gab es also keinerlei Unterschiede, die Gottes Wahl hätten beeinflussen können. »Die Eine Mutter hatte den Samen von dem Einen Vater, und dennoch war die göttliche Bestimmung über den Samen ungleich.«[66]

Auch im Verhalten der Eltern vor oder im Zusammenhang mit der Geburt der Zwillinge lässt sich keine

[66] Philippi, 424.

Begründung für ihre unterschiedliche Behandlung durch Gott festmachen. Beide waren eine Gebetserhörung (1. Mose 25,21).

Schließlich betont Paulus noch, dass Gott seine Wahl schon getroffen hatte, »ehe die Kinder geboren waren und weder Gutes noch Böses getan hatten«. Nicht einmal das Verhalten oder die innere Einstellung der beiden können deshalb die Auswahl erklären. Bevor Esau und Jakob irgendwelche Entscheidungen treffen konnten, lässt Gott Rebekka während der Schwangerschaft wissen: »Der Ältere wird dem Jüngeren dienen« (1. Mose 25,23).

Die unterschiedliche Behandlung der Brüder wird noch dadurch verschärft, dass nicht nur die Erwählung Jakobs betont wird, sondern gleichzeitig auch die Verwerfung Esaus. Gott – und in unserem Text der Apostel Paulus – betont nicht nur, dass er Jakob liebe, um es dann einem anderen zu überlassen, Esau zu lieben, etwa wie in 1. Mose 25,28 bemerkt wird: »Und Isaak hatte Esau lieb ... Rebekka aber hatte Jakob lieb.« Nein, Gottes Erwählen des einen geht ausdrücklich mit dem Verwerfen des anderen einher: »Jakob habe ich geliebt, aber Esau habe ich gehasst.«

Dieser Hass Gottes auf Esau hat mir manches Kopfzerbrechen bereitet – und schon so manche Diskussion beschert. Natürlich kann man versuchen, der Aussage »Esau habe ich gehasst« die Schärfe zu nehmen, indem man erklärt, »in diesem Falle bedeutet das Wort ›hassen‹ ›weniger lieben‹, ›mit weniger Gunst betrachten und behandeln‹«.[67] Das wäre dann vergleichbar mit dem Unterschied in den Gefühlen, die Jakob seinen beiden

---

[67] Hodge, 312.

Frauen Rahel und Lea entgegenbrachte. So wird auch von Lea gesagt, dass sie von Jakob »gehasst« war (1. Mose 29,31). Das hieße dann: Wenn man für eine Person wirklich tiefe Liebe empfindet, kann das, was für andere übrig bleibt, nur noch als »Hass« bezeichnet werden.

Eine andere Möglichkeit ist, den »Hass« Gottes auf Esau »seelsorgerlich« zu erklären. Wenn Jesus etwa zum Hass der eigenen Eltern, der Frau, der Kinder, der Geschwister und selbst des eigenen Lebens auffordert (Lukas 14,26), dann geht es nicht darum »sie minder lieben, als den Herrn, sondern sie im Collisionsfalle gänzlich verwerfen oder so gegen sie handeln, als ob man sie positiv hasste, wobei an sich ein hoher Grad von Liebe zu ihnen vorhanden sein kann, wenn auch allerdings ein geringerer, als zu dem Herrn.«[68] Paulus hat das an anderer Stelle so auf den Punkt gebracht: »Wer in den Krieg zieht, verwickelt sich nicht in Geschäfte des täglichen Lebens, damit er dem gefalle, der ihn angeworben hat« (2. Timotheus 2,4).

Im Jahre 1135 wurde Rabbi Moshe ben Maimon im spanischen Cordoba geboren. Der als »Rambam« oder »Maimonides« bekannt gewordene Arzt und Philosoph wirkte später am Hof des ägyptischen Sultans in Kairo und übt bis heute großen Einfluss auf das gesamte sephardische Judentum aus. Er fasste dieses Prinzip des »Hasses aus Liebe« in seinem Werk »mishneh torah«[69] im Buch »Über die Könige und ihre Kriege« (7,15) folgendermaßen zusammen: »Ein Soldat sollte sich in der Schlacht ...

[68] Philippi, 432.
[69] Übersetzt bedeutet der Titel »Wiederholung/Zusammenfassung der Tora«.

darüber im Klaren sein, dass er für den Einen Gottesnamen kämpft ... Er sollte sich keine Sorgen um Frau und Kinder machen. Im Gegenteil, er sollte ihr Andenken aus seinem Gedächtnis und aus seinem Herzen auslöschen« – eine Denkweise gegenüber den engsten Familienangehörigen, die man im jüdisch-hebräischen Denken nur als »Hass« zusammenfassen kann. Gerade um seiner Familie willen darf ihm die Liebe im entscheidenden Augenblick des Kampfes nicht hinderlich sein oder ihn gar lähmen.

So soll der Hass auf diejenigen, die man nach eindeutiger Aussage der Heiligen Schrift ansonsten lieben soll, in einer Krisensituation die richtige (Spontan-) Reaktion garantieren – vielleicht gerade als Ausdruck größter Aufopferung und Liebe zu denen, denen gegenüber man sich verhält, als hasse man sie.

Doch muss der Schöpfer des Himmels und der Erde seiner Liebe zu Jakob so Nachdruck und Eindeutigkeit verleihen, indem Er den Zwillingsbruder Esau hasst? Muss der Allmächtige sich selbst gefühlsmäßig auf eine Krisensituation vorbereiten, indem Er sich unwiderruflich und drastisch von der weniger geliebten Partei distanziert? Hätte Paulus – oder auch schon der Prophet Maleachi – nicht einen weniger harten Ausdruck wählen und differenzierter erklären können, dass Gott Jakob auserwählt habe, gerade auch, weil Er die in Sünde gefallenen und verstrickten nicht-jüdischen Völker liebt und durch sein Erwählen erlösen will?

»Aber Esau habe ich gehasst«, zitiert der Apostel Paulus den Propheten Maleachi. Mit dem Hass Gottes auf Esau ist eben nicht nur die eindeutige Bevorzugung in jeder Situation, die unvergleichliche Liebe zu dem Jüngeren ausgesagt, sondern gleichzeitig, als Folge des Hasses, auch die Verwerfung, Vertreibung, Heimatlosigkeit, ja die Vernichtung und der Tod des Älteren.

Ich »hasse Esau und habe sein Gebirge öde gemacht und sein Erbe den Schakalen zur Wüste«, gehört zu der »Last, die der Herr ankündigt für Israel durch Maleachi«. »Und wenn auch Edom spricht: Wir sind zerschlagen, aber wir wollen das Zerstörte wieder bauen!, so spricht der Herr Zebaoth: Werden sie bauen, so will ich abbrechen, und man wird sie nennen ›Land des Frevels‹ und ›Ein Volk, über das der Herr ewiglich zürnt‹« (Maleachi 1,1-4).

Gott fällt dieses grausame Urteil über Esau noch bevor dieser überhaupt eine Entscheidung für Gut oder Böse hätte treffen können! Der Schreiber des Hebräerbriefes (12,17) kann nur noch lakonisch feststellen: Esau »fand keinen Raum zur Buße, obwohl er sie mit Tränen suchte.«

Nur wenn wir das ganze Ausmaß des Hasses Gottes auf Esau uneingeschränkt stehen lassen, werden wir verstehen, warum es dem Apostel die Sprache verschlägt:

»Was sollen wir nun hierzu sagen?« (Römer 9,14a).

Um dann gleich auszusprechen, was jedem denkenden und fühlenden Menschen angesichts dieser Situation aufstößt, weil Gott bei seinem Auswählen keinerlei menschliche Rechtsansprüche beachtet:

Ist denn Gott ungerecht? (Römer 9,14b).

Der Apostel weist dies entschieden zurück:
Das sei ferne! (Römer 9,14c),
und führt uns bei seiner Antwort zurück zu Gottes Selbst-

offenbarung am Berg Sinai. Dort hatte Mose gebeten: »Lass mich deine Herrlichkeit sehen!«, worauf Gott geantwortet hatte: »Ich will vor deinem Angesicht all meine Güte vorübergehen lassen und will vor dir kundtun den Namen des Herrn« (2. Mose 33,18-19):

»Wem ich gnädig bin, dem bin ich gnädig, und wessen ich mich erbarme, dessen erbarme ich mich« (Römer 9,15).

So liegt es nun nicht an jemandes Wollen oder Laufen, sondern an Gottes Erbarmen (Römer 9,16).

Die Basis für die Existenz des Gottesvolkes ist nicht geschichtlicher Zufall, das Recht des Älteren oder Stärkeren, sondern die freie, keiner Instanz Rechenschaft schuldige Entscheidung des lebendigen Gottes. Und diese Freiheit des Schöpfers geht sogar noch weiter:

3. Der Lebenssinn des Pharao

Denn die Schrift sagt zum Pharao: »Eben dazu habe ich dich erweckt, damit ich an dir meine Macht erweise und damit mein Name auf der ganzen Erde verkündigt werde.« So erbarmt er sich nun, wessen er will, und verstockt, wen er will (Römer 9,17-18).

Gott kann in seiner Freiheit und Souveränität nicht nur auswählen, um seine Gnade und Barmherzigkeit zu erweisen, sondern auch um zu verhärten und zu verstocken. Wenn er will, kann er einen Pharao einzig dazu auf der Bühne der Geschichte zum Sein erwecken[70], um sich

[70] Vergleiche zur Erklärung der Bedeutung von »exegeira se« (ich habe dich erweckt) Philippi, 437, und Godet, 156f.

durch sein Handeln an ihm als der Allmächtige zu erweisen und dies dann auch allen Völkern der Welt bekannt zu machen.[71] Um seinen Heilsplan mit der Menschheit durchzuführen, zu dem alleinigen Zweck der Verherrlichung seines Namens, kann Gott auch einen Menschen, wie eben diesen Pharao, verstocken.[72] Der babylonische Talmud (Traktat Megillah 12b) konstatiert Ähnliches für Haman, der im persischen Reich das jüdische Volk vernichten wollte und deswegen schließlich selbst vernichtet wurde.

Nun sagst du zu mir: Warum beschuldigt er uns dann noch? Wer kann seinem Willen widerstehen? (Römer 9,19).

Wiederum bringt der Apostel den logischen Einwand, der jedem Zuhörer oder Leser hier kommen muss: Wenn Gott doch tut, was Er will, ist dann ein Fatalismus nicht berechtigt? Wen kann er dann noch zur Rechenschaft ziehen? Welcher Mensch sollte sich Gottes Willen widersetzen können, wenn er doch sowieso alles vorherbestimmt?

Auch dieses Mal konstruiert der Apostel keine eigenen Erklärungsversuche. Er greift als Antwort ein uraltes Beispiel der biblischen Propheten auf:

Ja, lieber Mensch, wer bist du denn, dass du mit Gott rechten willst? Spricht auch ein Werk zu seinem Meister: Warum machst du mich so? Hat nicht ein

[71] Beispiele dafür, dass das dann auch tatsächlich der Fall war, sind 2. Mose 15,14-15; Josua 2,9-10; 9,9.

[72] Im Bericht vom Auszug aus Ägypten ist dies zu einer stehenden Bezeichnung geworden: 2. Mose 4,21; 7,3; 10,20; 11,10; 14,4.17.

Töpfer Macht über den Ton, aus demselben Klumpen ein Gefäß zu ehrenvollem und ein anderes zu nicht ehrenvollem Gebrauch zu machen? (Römer 9,20-21).

Dieses Bild wird am besten durch die praktische Anschauung deutlich. Deshalb schickt der Herr den Propheten Jeremia in die Töpferwerkstatt: »Mach dich auf und geh hinab in des Töpfers Haus; dort will ich dich meine Worte hören lassen. Und ich ging hinab in des Töpfers Haus, und siehe, er arbeitete eben auf der Scheibe. Und der Topf, den er aus dem Ton machte, missriet ihm unter den Händen. Da machte er einen andern Topf daraus, wie es ihm gefiel. Da geschah des Herrn Wort zu mir: Kann ich nicht ebenso mit euch umgehen, ihr vom Hause Israel, wie dieser Töpfer? spricht der Herr. Siehe, wie der Ton in des Töpfers Hand, so seid auch ihr vom Hause Israel in meiner Hand« (Jeremia 18,2-6).[73]

Da Gott seinen Zorn erzeigen und seine Macht kundtun wollte, hat er mit großer Geduld ertragen die Gefäße des Zorns, die zum Verderben bestimmt waren, damit er den Reichtum seiner Herrlichkeit kundtue an den Gefäßen der Barmherzigkeit, die er zuvor bereitet hatte zur Herrlichkeit (Römer 9,22-23).

Es ist der Zorn, die vernichtende Macht, die Gott an den Gefäßen des Zorns bezeugen will. Doch der Wesenszug Gottes, den der Apostel betont, ist dessen »große

[73] Weiter wird dieses Bild zum Teil andeutungsweise in Hiob 10,8-14; Jesaja 29,16; 45,9-10; 64,7, Sirach 33,13-14; Weisheit 15,7 und 2. Timotheus 2,20-21 verwendet.

Geduld« gegenüber den Gefäßen des Zorns. Damit führt er in der Wortwahl schon auf den nächsten Schritt hin. Denn Gott kann in seiner Größe nicht nur (1. Schritt) Isaak dem Ismael und (2. Schritt) Jakob dem Esau vorziehen. Er hat nicht nur (3. Schritt) das Recht, den heidnischen Pharao als Werkzeug zu benutzen, auch wenn das letztlich zu dessen Vernichtung führt, er kann sogar aus den Heiden »Gefäße zu ehrenvollem Gebrauch« schaffen.

4. Die Erwählung der Heiden

Dazu hat er uns berufen, nicht allein aus den Juden, sondern auch aus den Heiden. Wie er denn auch durch Hosea spricht: »Ich will das mein Volk nennen, das nicht mein Volk war, und meine Geliebte, die nicht meine Geliebte war.« »Und es soll geschehen: Anstatt dass zu ihnen gesagt wurde: ›Ihr seid nicht mein Volk‹, sollen sie Kinder des lebendigen Gottes genannt werden.« Jesaja aber ruft aus über Israel: »Wenn die Zahl der Israeliten wäre wie der Sand am Meer, so wird doch nur der Rest gerettet werden; denn der Herr wird sein Wort, indem er vollendet und scheidet, ausrichten auf Erden.« Und wie Jesaja vorausgesagt hat: »Wenn uns nicht der Herr Zebaoth Nachkommen übrig gelassen hätte, so wären wir wie Sodom geworden und wie Gomorra« (Römer 9,24-29).

Schon in Johannes 10,16 hatte Jesus gesagt: »Und ich habe noch andere Schafe, die sind nicht aus diesem Stall; auch sie muss ich herführen, und sie werden meine Stimme hören.« Gott kann sogar Heiden zu den Auserwählten hinzufügen, auch wenn das bedeutet, dass er aus einem »Nicht-mein-Volk« ein »Mein-Volk« (vergleiche 1. Petrus 2,9-10), dass er aus »Ungeliebten« »Geliebte« und aus solchen, die Ihm fern sind, »Kinder des lebendigen Gottes« macht.

Gott kann Nichtjuden »mein Volk« nennen, auch wenn das bedeutet, dass von Israel nur ein Rest gerettet wird, denn letztlich ist nicht das Wohl oder die Rettung von Menschen entscheidend, sondern die Heiligkeit, Herrlichkeit und Ehre des lebendigen Gottes. Nicht »Menschenrechte« sind der entscheidende Maßstab, sondern »Gottes Recht«. Nicht die Gefühle, Erfahrungen, Meinungen oder Urteile von Menschen geben den Ausschlag, sondern dass der Herr sein Wort auf Erden ausrichten wird.

Auch wenn der alttestamentliche Sprachgebrauch vom »Überrest« als Ankündigung eines schrecklichen Gerichts über Israel zu verstehen ist, ist doch an keiner Stelle in diesem Text davon die Rede, dass das jüdische Volk durch ein anderes Volk ersetzt werden soll. In Hosea 2 ist es das ungehorsame Israel, das als »nicht mein Volk« bezeichnet, und dann durch Gottes Gnade als »mein Volk« angenommen und »Du bist mein Gott« bekennen wird. Diesem ursprünglichen Wortsinn des hebräischen Textes widerspricht der Apostel nicht. In Römer 11,24 unterstreicht er ihn vielmehr: »Denn wenn du aus dem Ölbaum, der von Natur wild war, abgehauen und wider die Natur in den edlen Ölbaum eingepfropft worden bist, wie viel mehr werden die natürlichen Zweige wieder eingepfropft werden in ihren eigenen Ölbaum.«

Wenn Paulus jetzt betont, dass Gott in seiner Größe beruft, »nicht allein aus den Juden, sondern auch aus den

Heiden«, dann ist das zwar im Textzusammenhang eine Steigerung, aber weder für das Judentum noch für das Alte Testament etwas Neues. Schon beim Auszug aus Ägypten schloss sich »viel fremdes Volk« (2. Mose 12,38) dem auserwählten Volk an. So waren zum Beispiel unter den Helden Davids viele Nicht-Israeliten. Deshalb war das Gesetz Israels von vornherein auch für »den Fremdling, der unter euch wohnt« (2. Mose 12,49) gedacht. Der »Stein des Anstoßes« für das gesetzestreue Judentum liegt erst in den letzten Versen dieses Kapitels des Römerbriefs, wenn Paulus die absolute Souveränität des Schöpfers noch in einem weiteren Schritt illustriert:

5. Der Vorzug der Heiden

Was sollen wir nun hierzu sagen? Das wollen wir sagen: Die Heiden, die nicht nach der Gerechtigkeit trachteten, haben die Gerechtigkeit erlangt; ich rede aber von der Gerechtigkeit, die aus Glauben kommt. Israel aber hat nach dem Gesetz der Gerechtigkeit getrachtet und hat es doch nicht erreicht (Römer 9,30-31).

Luther übersetzte, dass »Israel [das] Gesetz der Gerechtigkeit ... nicht erreicht [hat]« – im Gegensatz zu den Heiden, welche die Gerechtigkeit aus Glauben erlangt haben. Daraus wird abgeleitet: Anstelle Israels wurden die Heiden gerechtfertigt und als neues Gottesvolk erwählt. Doch das ist hier nicht ausgesagt.

Das griechische Wort »phthanein« bedeutet zwar »hingelangen«, »zu etwas gelangen«, »etwas erreichen«, aber im

Sinne von »zuvorkommen«, »früher kommen«, »voraus sein« oder auch »überraschen«. So sagt Paulus zum Beispiel in 1. Thessalonicher 4,15, »dass wir, die wir leben und übrig bleiben bis zur Ankunft des Herrn, denen nicht zuvorkommen werden (mephthasomen), die entschlafen sind.«

Grundsätzlich bedeutet »phthanein« also »hingelangen«, »ankommen«. Wenn es jedoch um ein »Wettrennen« geht, wenn zwei Parteien (bewusst oder unbewusst) dasselbe Ziel ansteuern, dann bedeutet »phthanein« »zuerst hingelangen«, »[überraschend] als Erster ankommen«.

Diese Bedeutung wird noch unterstrichen durch den Gebrauch des Wortes »diokein«, das in Römer 9,30 und 31 mit »trachten nach etwas« übersetzt wird. »Diokein« ist ein bildlicher Ausdruck, der einen Wettkampf in der Rennbahn beschreibt, in dem der Läufer nach dem Preis trachtet, der Siegestrophäe nachjagt.[74]

Die dem griechischen Wortsinn nähere Übersetzung von Römer 9,31 wäre deshalb meines Erachtens: »Obwohl Israel [im Gegensatz zu den Heiden, die sich überhaupt nicht darum gekümmert haben[75]] das Gesetz der Gerechtigkeit angestrebt hat, ist es nicht [wie eigentlich zu erwarten gewesen wäre] als Erster dort eingetroffen.«

---

[74] Vergleiche Römer 12,13; 14,19; 1. Korinther 14,1; Philipper 3,12.14; 1. Thessalonicher 5,15; 1. Timotheus 6,11; 2. Timotheus 2,22; Hebräer 12,14; 1. Petrus 3,11.

[75] de Boor, 239: »... auch wenn nach Römer 2,14.15 einzelne Menschen des Heidentums ›das Werk des Gesetzes in ihr Herz geschrieben erweisen‹, keine der ›Nationen‹ sah im Dienst Gottes nach dem Gesetz ihren Daseinssinn und ihr Daseinsziel!«

Warum das? Weil es die Gerechtigkeit nicht aus dem Glauben sucht, sondern als komme sie aus den Werken. Sie haben sich gestoßen an dem Stein des Anstoßes, wie geschrieben steht: »Siehe, ich lege in Zion einen Stein des Anstoßes und einen Fels des Ärgernisses; und wer an ihn glaubt, der soll nicht zuschanden werden« (Römer 9,32-33).

»In einem kühnen, von unsrer philologisch-historischen Art weit entfernten Schriftgebrauch«[76] kombiniert der Apostel im letzten Vers unseres Kapitels Jesaja 28,16 und Jesaja 8,14.

In Jesaja 28,16 ist davon die Rede, dass Gott der Herr »in Zion einen Grundstein, einen bewährten Stein, einen kostbaren Eckstein, der fest gegründet ist« legt. Deshalb hat derjenige, der darauf baut, keinen Grund zur Flucht – weder angesichts der Ungerechtigkeit und Sünde des Gottesvolkes noch angesichts der drohenden militärischen Gefahr durch die Weltmacht Assur aus dem Norden.

Jesaja 8 spricht in den Versen 14 und 15 davon, dass der Herr Zebaoth »ein Fallstrick und ein Stein des Anstoßes und ein Fels des Ärgernisses für die beiden Häuser Israel, ein Fallstrick und eine Schlinge für die Bürger Jerusalems« sein wird, weil diese anderes mehr fürchten als ihren Gott.

Im Zusammenhang des Neuen Testaments ist dieses Kombinationszitat auf den Messias Jesus von Nazareth zu deuten.[77] Der Apostel Petrus sagt, dass dieser »lebendige Stein«, der »bei Gott auserwählt und kostbar« ist, »von

---

[76] de Boor, 239.

[77] Vergleiche dazu Lukas 2,34; 20,17-18; 1. Korinther 1,23; 1. Petrus 2,6-8.

den Menschen« – nicht nur vom jüdischen Volk! – »verworfen ist« (1. Petrus 2,4).

In unserem Textzusammenhang ist der springende Punkt, dass die Gerechtigkeit, die vor Gott gilt, von ihm aus Gnaden verliehen und durch den Glauben – nicht aus Werken – dem Einzelnen angeeignet wird. Das wurde, laut Paulus, den Juden seiner Zeit zum Fallstrick. Allerdings ist offen, ob für andere Menschen nicht dasselbe Problem besteht und vielleicht auch abstoßend ist, dass dieser Stein ausgerechnet »in Zion« liegt.

Die Hauptaussage dieses Kapitels ist jedoch: Gott ist in seinen Entscheidungen nicht auf uns Menschen angewiesen, sondern wir sind in jeder Hinsicht von ihm abhängig. Der Schöpfer schuldet uns, seinen Geschöpfen, weder Erklärung noch Rechenschaft für sein erwählendes, richtendes oder auch verwerfendes Handeln – eine Tatsache, die uns bei der Beschäftigung mit der Geschichte, dem Charakter, der Bestimmung und Zukunft Israels immer wieder begegnet.

Damit sei nicht gesagt, dass Gott willkürlich handelt oder grausam ist und mit seiner Schöpfung unberechenbar spielt. Interessanterweise liegt bei allem einseitigen Nachdruck auf der nicht zu hinterfragenden Autorität und Souveränität Gottes in Römer 9 die Betonung in der Wortwahl des Paulus doch immer auf den Worten »Gnade« (Vers 15), »Erbarmen« (Verse 15,16,18) und »große Geduld« (Vers 22) – und nicht etwa auf »Gericht«, »Willkür« oder gar »Ungerechtigkeit«!

Der Gott Israels ist und bleibt Gott – grundsätzlich unabhängig von allen menschlichen Rechtsansprüchen. Von daher ist es denkmöglich zu sagen, was Hodge schreibt: »So wie er Ismael, ungeachtet seiner natürlichen

Abstammung von Abraham verwarf, kann er die Juden verwerfen, obwohl sie Abraham zum Vater haben.«[78] Allerdings muss vom Textbefund in Römer 9,6-33 her gesagt werden, dass Paulus an keiner Stelle die ausschließliche Gültigkeit der Verheißungslinie Abraham-Isaak-Jakob in Frage stellt, wie etwa der Islam, der stattdessen die »Nachkommenslinie« Abraham-Ismael-Esau behauptet. Im Gegenteil, der Apostel bestätigt Abraham, Isaak und Jakob als ursprüngliche Träger der Verheißungen – mit dem Verweis auf die Souveränität Gottes. Denn »die Heiden sollen erfahren, dass ich der Herr bin, spricht Gott der Herr, wenn ich vor ihren Augen an euch zeige, dass ich heilig bin« (Hesekiel 36,23).

---

[78] Hodge, 306.

V. Kapitel

»Hier ist kein Unterschied«

Der eine Weg zum Heil (Römer 10,1–13)

Paulus hat

- seine Liebe zum Volk Israel (Römer 9,1-3),
- die Vorzüge des auserwählten Volkes (Römer 9, 4-5) und
- Gottes absolute Souveränität (Römer 9,6-33)

als Grundlage seiner Israeltheologie erklärt. Jetzt ist ihm noch ein vierter Punkt wichtig:

> ***Liebe Brüder, meines Herzens Wunsch ist, und ich flehe auch zu Gott für sie, dass sie gerettet werden (Römer 10,1).***

Der Apostel bringt seines »Herzens Wunsch« zum Ausdruck, der sich sofort im Aufschrei seines Herzens zum himmlischen Vater Luft macht: »dass sie gerettet werden!« Wovon seine jüdischen Stammverwandten errettet werden sollen, führt Paulus hier nicht näher aus. Er überlässt es seinen Lesern, diesen Begriff durch eigenes Schriftstudium zu füllen.

Im Römerbrief bedeutet »Erlösung«[79] das Abwenden

[79] Die Wortfamilie des Begriffes »Erlösung« ist eines der Schlüsselworte dieses Textes. Das griechische Wort »soteria« (Rettung, Erhaltung, Bewahrung in Gefahr, Errettung aus Todesnot, Heil, Erlösung oder auch Lebensqualität) erscheint in den Versen 1 und 10, das dazugehö-

»aller Gottlosigkeit«[80] und die damit verbundene Bewahrung »vor dem Zorn Gottes«.[81] Friedrich Adolph Philippi beobachtet, dass das »sothese« [wirst du gerettet] in Römer 10 Vers 9 mit dem »zesetai« [wird leben] in Vers 5 korrespondiert. Daraus zieht er den Schluss: »Die ›soteria‹ [Erlösung] ist die ›zoe‹ [das Leben] in der Form der Rettung aus dem ›thanatos‹ [Tod] gedacht.«[82] Es geht um die Wiederherstellung der Gemeinschaft mit Gott,[83] die durch die Sünde des Menschen zerstört wurde. Gemeinschaft mit Gott ist »Leben«, die Sünde aber als Trennung von Gott zieht »Tod« nach sich (Römer 6,23).

Die Grundintention unseres Textes Römer 10,1-13 ist diese persönliche Dimension des Heils. »Wie werde *ich* mit Gott versöhnt?« ist die Frage eines jeden Menschen, der erfahren hat, »was für Jammer und Herzeleid es bringt, den Herrn, deinen Gott zu verlassen« (Jeremia

---

rige Verb »sozomai« (gerettet werden) in den Versen 9 und 13. In diesen Bedeutungsbereich gehört auch das »nicht zuschanden werden« (ou kataischynomai) in Vers 11.

[80] Römer 11,25-26. Im Gesamtzusammenhang des Neuen Testaments bedeutet das die Erlösung von den Sünden (Matthäus 1,21; Lukas 1,77; 7,50; Apostelgeschichte 2,40; 5,31; 1. Timotheus 1,15; Jakobus 5,20). Wer die Gewissheit hat, dass die persönliche Schuldfrage gelöst ist, der ist dann auch erlöst »von einem schlechten Gewissen« (1. Petrus 3,21).

[81] Römer 5,9. An anderen Stellen ist von der Erlösung von »Verlorenheit« (Matthäus 18,11; Lukas 19,10; 1. Korinther 1,18) oder »Verdammnis« (Markus 16,16) die Rede.

[82] Philippi, 485. Vergleiche dazu 2. Korinther 7,10; 2. Timotheus 1,10; Jakobus 5,20.

[83] So spricht das Neue Testament von einer Erlösung ins Reich Gottes hinein (2. Timotheus 4,18; vergleiche Matthäus 19,25; Markus 10,26; Lukas 18,26). Die Begegnung Jesu mit dem Zöllner Zachäus zeigt, dass in der Folge auch die zwischenmenschlichen Beziehungen wiederhergestellt werden (Lukas 19,9-10).

2,19). Dass es um die Beantwortung dieser Frage geht, wird daran deutlich, dass Paulus in Vers 9 den Leser plötzlich persönlich anspricht: »Wenn *du* mit *deinem* Munde bekennst ... und in *deinem* Herzen glaubst ... so wirst *du* gerettet.«

Doch das Heil des Einzelnen steht für den Apostel in einem unauflösbaren Zusammenhang mit dem Seufzen der gesamten Schöpfung (Römer 8,22-23). Deshalb ist es kaum Zufall, dass in Vers 13 ein Zitat aus dem Propheten Joel steht. Im ursprünglichen Zusammenhang von Joel 3,5 ist von einem Erlösungsgeschehen die Rede, das die Grundfesten des Himmels und der Erde erschüttert. Sonne und Mond werden verwandelt und Gott zieht die Heidenvölker »wegen meines Volks und meines Erbteils Israel« (Joel 4,2) zur Rechenschaft.

Gottes Erlösungshandeln hat nicht nur ein reines Gewissen und das selige Sterben einiger weniger Auserwählter zum Ziel, sondern den neuen Himmel und die neue Erde, in der es weder Tränen noch Tod noch Leid noch Geschrei noch Schmerz geben wird (Offenbarung 21,3). Das persönliche Heil eines einzelnen Menschen, die Rettung Israels und die Erneuerung der gesamten Schöpfung können im biblischen Denken nicht voneinander getrennt werden.

Versöhnung mit Gott ist nur möglich, wenn ein Mensch erlöst »von aller Ungerechtigkeit« zu dem Volk Gottes gehört, das eifrig ist zu guten Werken (Titus 2,14). Beim Begriff »Gerechtigkeit«[84] ist als erste Beobachtung

---

[84] Neben dem Begriff »Erlösung« das zweite Schlüsselwort in Römer 10,1-13. Das griechische »dikaiosyne« erscheint dreimal in Vers 3 und je einmal in den Versen 4, 5, 6 und 10.

festzuhalten, dass es verschiedene »Gerechtigkeiten« gibt. In unserem Textabschnitt ist die Rede von der »eigenen Gerechtigkeit«, die ein Mensch aufzurichten sucht,[85] oder von der »Gerechtigkeit, die aus dem Gesetz kommt« (Vers 5) und im Gegensatz zur »Gerechtigkeit aus dem Glauben« steht.[86] Und schließlich wird in Vers 3 zweimal die »Gerechtigkeit Gottes« erwähnt.[87] »Gerechtigkeit« ist also kein absoluter Begriff, sondern relativ. Was in den Augen des einen »gerecht« ist, kann ein anderer als »Sünde« definieren. Entscheidend ist der Maßstab, der definiert, was »gerecht« und was »ungerecht« ist, beziehungsweise die Person, die den Maßstab setzt. Wenn deshalb der Begriff »Gerechtigkeit« ohne Zuordnung vorkommt, wie zum Beispiel in den Versen 4 und 10, muss

---

[85] Vers 3. Die »Gerechtigkeit« eines Menschen muss im Gesamtkontext des Neuen Testaments nicht unbedingt ein negativer Begriff sein. In Matthäus 5,20 sagt Jesus zu seinen Jüngern: »Wenn eure Gerechtigkeit nicht besser ist als die der Schriftgelehrten und Pharisäer, so werdet ihr nicht in das Himmelreich kommen.« Und in Matthäus 6,1 ermahnt er sie: »Habt acht auf eure Frömmigkeit [›dikaiosyne‹, Gerechtigkeit], dass ihr die nicht übt vor den Leuten, um von ihnen gesehen zu werden.«

[86] Vers 6. Vergleiche hierzu auch den Zusammenhang von Philipper 3, 3-9, wo Paulus erklärt, dass er »nach der Gerechtigkeit, die das Gesetz fordert, untadelig« war, um dann zu erklären, wie ihm klar geworden ist, dass nicht seine eigene »Gerechtigkeit, die aus dem Gesetz kommt, sondern die durch den Glauben an Christus kommt [wörtlich: durch den Glauben Christi], nämlich die Gerechtigkeit, die von Gott dem Glauben zugerechnet wird«, entscheidend ist.

[87] »he dikaiosyne tou theou« (wörtlich übersetzt »die Gerechtigkeit [des] Gottes«) wurde von Martin Luther je nach Kontext übersetzt mit »Gottes Gerechtigkeit« (Römer 3,5), »die Gerechtigkeit, die vor Gott gilt« (Römer 1,17; 3,21; 2. Korinther 5,21) oder »die Gerechtigkeit vor Gott« (Römer 3,22; vergleiche auch Matthäus 6,33; Römer 3,25.26).

aus dem Kontext erklärt werden, um welche Gerechtigkeit es sich handelt und wie sie zu bewerten ist.

Das Grundproblem der Menschheit, ja der gesamten Schöpfung, besteht darin, dass ihr die Herrlichkeit fehlt, die sie vor Gott haben sollte (Römer 3,23). Sie wird dem Maßstab, den der Schöpfer ursprünglich gesetzt hatte, nicht mehr gerecht. Das Urteil Gottes, dass »alles, was er gemacht hatte, sehr gut« war (1. Mose 1,31), gilt für die Gegenwart nicht mehr. Vielmehr ist »das Dichten und Trachten des menschlichen Herzens böse von Jugend auf« (1. Mose 8,21). Dadurch ist die gesamte Schöpfung der Sünde und dem Tod verfallen. Ihr fehlt die Gerechtigkeit, die vor Gott gilt, die »Gerechtigkeit Gottes«.

Denn ich bezeuge ihnen, dass sie Eifer für Gott haben ... (Römer 10,2a).

Paulus bescheinigt seinen jüdischen Volksgenossen, dass sie »Eifer Gottes« haben. Die griechische Formulierung »zelos theou« kann

1. den Eifer bezeichnen, der dem Wesen Gottes entspricht;[88]
2. den Eifer, der von Gott gewirkt ist; und
3. den Eifer für Gott, für sein Wort, sein Werk, sein Volk, sein Vorhaben.

[88] Vergleiche zum Beispiel 2. Könige 19,31; Jesaja 9,6; 37,32; 42,13; 59,17; Joel 2,18, wo Gottes Eifer (hebräisch »qin'ah«) keineswegs negativ gesehen wird. So zitiert Philippi, 474, Bengel: »Zelus Dei, si non est contra Christum, bonus est.«

Die nichtjüdischen Völker sind im besten Falle sich selbst Maßstab. In der Regel ist den Heiden jedoch der von Gott in der Natur gesetzte Maßstab völlig gleichgültig, ja zuwider.[89]

Im Gegensatz dazu hat Israel das Problem der Trennung von Gott erkannt und jagt von ganzem Herzen dem von Gott gesetzten Maßstab der Gerechtigkeit, das heißt der Tora, nach (Römer 9,31). »Es ist und bleibt etwas Großes, wenn Gott und Gottes Sache einem Menschen nicht gleichgültig ist, sondern sein stetes Denken um Gott kreist und sein Leben von der ständigen Rücksicht auf Gott durchzogen ist und geformt wird.«[90]

So wurde dem Priester Pinchas verheißen: »Siehe, ich gebe ihm meinen Bund des Friedens, und dieser Bund soll ihm und seinen Nachkommen das ewige Priestertum zuteilen, weil er für seinen Gott geeifert und für die Israeliten Sühne geschafft hat« (4. Mose 25,11-13). Und als Jesus den Tempel reinigte, dachten seine Jünger daran, dass geschrieben steht (Psalm 69,10): »Der Eifer um dein Haus wird mich fressen« (Johannes 2,17). Die Ältesten der Gemeinde in Jerusalem berichten dem Paulus bei der Rückkehr von seiner dritten Missionsreise: »Bruder, du siehst, wie viel tausend Juden gläubig geworden sind, und alle sind Eiferer für das Gesetz.« Um jeglichem Anschein vorzubeugen, er lehre »alle Juden, die unter den Heiden wohnen, den Abfall von Mose« und achte dadurch den Eifer seiner jüdischen Geschwister gering, vollzieht der

---

89 Römer 1,18-32 und 9,30.
90 de Boor, 241.

Apostel jüdische Reinigungsriten und bringt im Tempel sogar Opfer dar.[91]

... aber ohne Einsicht (Römer 10,2b).

Das Problem der gesetzestreuen Juden zur Zeit des Paulus war also nicht ihr Streben. Sie können uns, der neutestamentlichen Gemeinde, mit ihrem Eifer sogar Ansporn und Vorbild sein. Ihr Problem war, dass es ihnen an Einsicht mangelte, das heißt »nicht ›gnosis‹ [Kenntnis, Wissen] im Allgemeinen, aber ›epignosis‹, die richtige Erkenntnis, welches der rechte ›zelos theou‹ [Eifer Gottes] sei.«[92] Nicht Bibelkenntnis oder theologisches Wissen fehlten, sondern der vom Heiligen Geist geschenkte Durchblick, beides richtig mit Gottes Handeln in der Gegenwart in Beziehung zu setzen.[93]

Denn sie erkennen die Gerechtigkeit nicht, die vor Gott gilt, und suchen ihre eigene Gerechtigkeit

---

[91] Apostelgeschichte 21,20-21. Die neutestamentliche Gemeinde wird von den Aposteln wiederholt zum »Eifer« aufgefordert (1. Korinther 12,31; 14,1.12.39; 2. Korinther 7,7.11; 9,2; 11,2; Titus 2,14; 1. Petrus 3,13; Offenbarung 3,19). Entscheidend ist bei diesen Stellen der griechische Grundtext des Neuen Testaments, wo jeweils die Wortwurzel von »zelos« (Eifer) erscheint, auch wenn diese dann im Textzusammenhang mit »streben nach« oder »sich bemühen um« wiedergegeben wird. In 2. Korinther 9,2 übersetzte Martin Luther »to hymon zelos« (euer Eifer) sogar mit »euer Beispiel«.

[92] Philippi, 474.

[93] Vergleiche hierzu auch Apostelgeschichte 3,17. »Dem ›ou kat epignosin‹ (ohne Einsicht) entspricht das ›kata agnoeian epraxate‹ (aus Unwissenheit habt ihr gehandelt)« (Philippi, 474).

aufzurichten und sind so der Gerechtigkeit Gottes nicht untertan (Römer 10,3).

Aufgrund dieser Kombination von erstrebenswertem Eifer Gottes und einem Mangel an Einsicht kommt es nun dazu, dass diese gottesfürchtigen und bibelfesten Menschen die Gerechtigkeit Gottes, das heißt den Maßstab Gottes, verkennen und danach streben, ihre eigene Gerechtigkeit, ihren eigenen Maßstab, aufzurichten. Dadurch entziehen sie sich aber der Gerechtigkeit Gottes.

Denn Christus ist des Gesetzes Ende; wer an den glaubt, der ist gerecht (Römer 10,4).

Dieser Kernsatz unseres Abschnitts wird in den folgenden Sätzen erklärt. Paulus begründet darin, warum jeglicher Eifer Gottes ohne Einsicht niemals den Ansprüchen des heiligen Schöpfers an seine Schöpfung gerecht werden kann, und welchen Ausweg der Vater im Himmel aus diesem Dilemma aufgezeigt hat.

Mose nämlich schreibt von der Gerechtigkeit, die aus dem Gesetz kommt: »Der Mensch, der das [die Gebote] tut, wird dadurch leben« (Römer 10,5).

Zunächst einmal muss festgestellt werden, dass die Lehre des Apostels Paulus mit der Tora des Mose übereinstimmt: Nur diejenigen, »die das Gesetz tun, werden gerecht sein« (Römer 2,13).

In 3. Mose 18, dem Textzusammenhang, aus dem Paulus hier zitiert, werden verschiedene geschlechtliche Verirrungen aufgezählt: Blutschande, Ehebruch, Homosexualität, Sodomie und die damit verbundenen Opfer der eigenen Kinder an den Moloch. Der das Kapitel abschließende Grundsatz gilt nicht nur für das Volk Israel, sondern auch für die heidnischen Völker: »Denn alle, die solche Gräuel tun, werden ausgerottet werden aus ihrem Volk« (3. Mose 18,29).

In genau demselben Geist warnt der Apostel die heidenchristliche Gemeinde in Korinth: »Wisst ihr nicht, dass die Ungerechten das Reich Gottes nicht ererben werden? Lasst euch nicht irreführen! Weder Unzüchtige noch Götzendiener, Ehebrecher, Lustknaben, Knabenschänder, Diebe, Geizige, Trunkenbolde, Lästerer oder Räuber werden das Reich Gottes ererben.«[94]

In Römer 3,31 hatte er geschrieben, dass er »das Gesetz aufrichtet«. Wie sollte er jetzt plötzlich rechtfertigen können, einen Satz aus dem Zusammenhang zu reißen, um im Widerspruch zu anderen Aussagen aus seiner Feder plötzlich die Ungültigkeit der Tora vom Sinai zu beweisen?[95]

Jesu Worte über das Gesetz des Mose behalten auch nach Paulus ihre Gültigkeit: »Denn wahrlich, ich sage euch: Bis Himmel und Erde vergehen, wird nicht vergehen der kleinste Buchstabe noch ein Tüpfelchen vom Gesetz, bis es alles geschieht. Wer nun eines von diesen kleinsten Geboten auflöst und lehrt die Leute so, der wird der Kleinste heißen im Himmelreich; wer es aber tut und

---

[94] 1. Korinther 6,9-10; Ähnliches schreibt er in 1. Timotheus 1,9-10.

[95] Wiederholt betont der Apostel nichts zu sagen, »als was die Propheten und Mose vorausgesagt haben« (Apostelgeschichte 26,22). Dem tora-kundigen jüdischen Volk bezeugte er »das Reich Gottes und predigte ihnen von Jesus aus dem Gesetz des Mose und aus den Propheten« (Apostelgeschichte 28,23).

lehrt, der wird groß heißen im Himmelreich« (Matthäus 5,19-20).

Wenn heute ein Großteil des jüdischen Volkes den Eindruck gewonnen hat, dass die christliche Lehre von der »Rechtfertigung allein aus Gnaden« die Tora außer Kraft gesetzt und somit den Weg dafür bereitet habe, dass Christen guten Gewissens jüdische Menschen in die Gaskammern treiben konnten, dann ist im Bereich der christlichen Theologie etwas grundlegend schief gelaufen – oder zumindest da, wo es darum ging, diese dem jüdischen Volk zu erklären. Manchmal schien mir aber auch, als blickte ich direkt in das Angesicht Jesu, wenn man mir erklärte, dass nicht bibeltreue Rechtgläubigkeit oder eine in sich schlüssige Theologie das Entscheidende sei, sondern: »An ihren Früchten sollt ihr sie erkennen« (Matthäus 7,16). Welche Früchte hat das Christentum gegenüber dem jüdischen Volk in den vergangenen zweitausend Jahren gebracht?

Wenn die Kirche dann auf ihre Gaben verweist und sich durch »nachfolgende Zeichen und Wunder« bestätigt glaubt, gewinnen die Worte Jesu nur noch schockierender an Aktualität: »Es werden nicht alle, die zu mir sagen: Herr, Herr!, in das Himmelreich kommen, sondern die den Willen tun meines Vaters im Himmel. Es werden viele zu mir sagen an jenem Tage: Herr, Herr, haben wir nicht in deinem Namen geweissagt? Haben wir nicht in deinem Namen böse Geister ausgetrieben? Haben wir nicht in deinem Namen viele Wunder getan? Dann werde ich ihnen bekennen: Ich habe euch noch nie gekannt; weicht von mir, ihr Übeltäter!« (Matthäus 7,21-23).

Dass die Gnade Gottes und der Gehorsam gegenüber dem Wort Gottes untrennbar zusammengehören, wurde von Paulus niemals in Frage gestellt.[96] Dem Pharisäer und Schriftgelehrten aus Tarsus war klar, was der Herr Jesus seinen Jüngern eingeprägt hatte: »Wenn eure Gerechtigkeit nicht besser ist als die der Schriftgelehrten und Pharisäer, so werdet ihr nicht in das Himmelreich kommen« (Matthäus 5,20). Vielmehr lag ihm an dieser »besseren Gerechtigkeit« und daran, dass das »gute Gesetz« recht, das heißt »gesetzmäßig«, zur Anwendung gebracht wird (1. Timotheus 1,8).

Von Anfang an war die Tora einem Volk gegeben worden, das Gott »allein aus Gnaden« erwählt und aus der Knechtschaft Ägyptens erlöst hatte: »Dich hat der Herr, dein Gott, erwählt zum Volk des Eigentums aus allen Völkern, die auf Erden sind. Nicht hat euch der Herr angenommen und euch erwählt, weil ihr größer wäret als alle Völker – denn du bist das kleinste unter allen Völkern –, sondern weil er euch geliebt hat und damit er seinen Eid hielte, den er euren Vätern geschworen hat. Darum hat er euch herausgeführt mit mächtiger Hand und hat dich erlöst von der Knechtschaft, aus der Hand des Pharao, des Königs von Ägypten« (5. Mose 7,6-8).

Aus dieser vollkommen unverdienten Zuwendung Gottes erwuchs dann die Erkenntnis des Wesens Gottes: »So sollst du nun wissen, dass der Herr, dein Gott, allein Gott ist, der treue Gott, der den Bund und die Barmherzigkeit bis ins tausendste Glied hält denen, die ihn lieben und seine Gebote halten, und vergilt ins Angesicht denen, die ihn hassen, und bringt sie um und säumt nicht, zu vergelten ins Angesicht denen, die ihn hassen« (5. Mose 7, 9-10). Erst aus der Erwählung und Selbstoffenbarung

[96] Siehe zum Beispiel 2. Korinther 9,8-10.

Gottes, die der Erwählte schon damals in keiner Weise durch eigene Anstrengung erwirken konnte, erfolgte die Verpflichtung: »So halte nun die Gebote und Gesetze und Rechte, die ich dir heute gebiete, dass du danach tust« (5. Mose 7,11).

Schon im Alten Testament hatte Gott sein Wort denjenigen Menschen anvertraut, die er »allein aus Gnaden« zu sich gezogen hatte. ***Niemals*** war es die Intention der Tora gewesen, Menschen ein Mittel in die Hand zu geben, durch das sie sich eine Gottesbeziehung erarbeiten oder gar erzwingen könnten. Von Anfang an war klar, dass »kein Mensch durch die Werke des Gesetzes vor [Gott] gerecht« werden kann.[97]

Doch der Mensch – und das gilt nicht nur für Juden! – ist hoffnungslos religiös. Immer wieder pervertiert er das ihm offenbarte Wissen um das Wesen Gottes und seinen heiligen Willen, indem er sich selbst zu rechtfertigen sucht (Lukas 10,29; 16,15). Er maßt sich an oder tut so, als wäre er fromm.[98]

Wenn Gottes Tora dazu benutzt werden soll, um eine Gottesbeziehung herzustellen, ist das ein Missbrauch der ursprünglich guten Gabe Gottes. Was dazu dienen sollte, den Menschen in das zu verwandeln, wozu der Schöpfer ihn bestimmt hatte, nämlich in ein Ebenbild des lebendigen Gottes, wird so zum Mittel, das den Rechtgläubigen und den das Richtige Suchenden im besten Falle in ein Abbild des größten Widersachers Gottes gestaltet, der sich ebenfalls »als Diener der Gerechtigkeit« verstellt (2. Korinther 11,15).

---

[97] Römer 3,20; vergleiche auch Apostelgeschichte 13,38; Römer 8,3; Galater 2,16; 3,11.21.

[98] das heißt »dikaios«, gerecht (Lukas 18,9; 20,20).

Bis zum heutigen Tag ist die rabbinische Theologie durchdrungen von dem Bewusstsein, dass jegliches Streben nach Selbsterlösung der ursprünglichen Selbstoffenbarung des lebendigen Gottes widerspricht. Täglich bekennt jeder orthodoxe Jude gegen Ende des Morgengebetes: »Keiner ist wie unser Gott, keiner ist wie unser Herr, keiner ist wie unser König, keiner ist wie unser Erlöser.«

Wer sich aber selbst zu rechtfertigen sucht, stellt sich dadurch dem *einen* Erlöser gleich. Er macht sich des Götzendienstes schuldig. Das gilt für jede religiöse Prägung, ganz gleich, ob sie die »Tora vom Sinai« oder das »unverfälschte Evangelium« heranzieht. So ist es möglich, mit der besten Absicht, mit den heiligsten, von Gott selbst verliehenen Mitteln und mit göttlichem Eifer, »die Gerechtigkeit, die vor Gott gilt« zu verkennen und eine »eigene Gerechtigkeit« aufzurichten. Damit ist man aber der Gerechtigkeit Gottes nicht mehr untertan und vergeht sich gegen das erste Gebot: »Du sollst keine anderen Götter haben neben mir« (2. Mose 20,3).

Die Gerechtigkeit aus dem Glauben dagegen spricht so: »Sprich nicht in deinem Herzen: Wer will hinauf gen Himmel fahren?« – nämlich um Christus herabzuholen – oder: »Wer will hinab in die Tiefe fahren?« – nämlich um Christus von den Toten heraufzuholen (Römer 10,6-7).

Weil keiner sich selbst erlösen kann, hat der Schöpfer sich in seiner Barmherzigkeit dem Menschen zugewandt. Er sandte Jesus, den Messias, um ohne des Gesetzes Werke, ohne Verdienst auf Seiten des Menschen und frei von jeglicher Verpflichtung auf Seiten Gottes, sondern einzig aus seiner freien Gnade die Gerechtigkeit, die vor ihm gilt, zu verleihen.[99] Deshalb kann keine menschliche Anstrengung die Zuwendung des himmlischen Vaters herunterzaubern und keine irdische Macht den Bann des Todes brechen. Allein »Christus ist des Gesetzes Ende«.

Im engeren Zusammenhang von Römer 10,1-13 schlage ich vor, »Gesetz« mit »religiöse Anstrengung« zu übersetzen. Ein Grund dafür ist, dass wir auch als reformatorisch geprägte Christen der Intention des ursprünglichen Zusammenhangs von 3. Mose 18 eigentlich auch zustimmen müssten, wie ich oben zu zeigen versuchte.

Das griechische »nomos« kann nicht einfach durch gehend mit dem hebräischen »torah« wiedergegeben werden. Paulus hatte in Vers 5 eine bestimmte Interpretation von 3. Mose 18,5 im Sinn. Das wird daraus ersichtlich, dass der Apostel sowohl die »Gerechtigkeit aus dem Gesetz« als auch die »Gerechtigkeit aus dem Glauben« aus Stellen der Tora des Mose erklärt, die positiv über das offenbarte Wort Gottes vom Sinai sprechen.

Der Messias Jesus ist das Ende jeder religiösen Anstrengung, die das Ziel einer Versöhnung mit Gott hat, weil er durch sein Leiden und seinen Tod die Brücke zwischen

[99] Vergleiche zu diesen Aussagen Römer 3,24.26.28.30; 4,4.6.7; 5,17; 8,30; 10,6-8; 1. Korinther 1,30; Galater 2,16; 3,8.11; Philipper 3,9; 2. Petrus 1,1.

Gott und Mensch geschlagen hat.[100] In ihm hat uns der Schöpfer die Möglichkeit der Gemeinschaft von Mensch und Gott »vor die Füße« gelegt. Deshalb weiß die »Gerechtigkeit aus Glauben« auch zu sagen:

»Das Wort ist dir nahe, in deinem Munde und in deinem Herzen« (Römer 10,8a).

»Das Wort ward Fleisch und wohnte unter uns« (Johannes 1,14) – niemand muss mehr gen Himmel fahren, um Christus herabzuholen! Er hat »dem Tode die Macht genommen« (2. Timotheus 1,10) – niemand muss mehr in die Tiefe fahren, um Christus von den Toten heraufzuholen! »Immanu-El«[101], Gott ist mit uns!

Jetzt geht es nur noch darum, diese »ausgestreckte Hand« des himmlischen Vaters anzunehmen: »Wer an den glaubt, der ist gerecht« (Römer 10,4). Denn zu einer Beziehung gehören immer zwei Seiten. Zur Gnade Gottes ***muss immer*** der Glaubensgehorsam, das dem Schöp-

[100] Ich bin mir dessen bewusst, dass das griechische Wort »telos« auch mit »Ziel«, »Zweck« oder auch »Ende« im Sinne von »Erfüllung« wiedergegeben werden kann. (Vergleiche zur Diskussion hierüber de Boor, 245, Hodge, 335f., oder Philippi, 475, der die Erklärung von »telos« als Erfüllung im Sinne von perfectio als »sprachwidrig« bezeichnet.) Im gesamtbiblischen Zusammenhang ist es gewiss auch sinnvoll, den Messias als »Ziel«, »Zweck« und »Erfüllung« der Tora zu sehen. Die Argumentation des Paulus in Römer 10,1ff. scheint mir jedoch die hier ausgeführte Erklärung am nächstliegenden zu machen. Ebenso Godet, 196.

[101] Jesaja 7,14; Matthäus 1,23.

fer alles zutrauende Treusein auf Seiten des Menschen kommen, damit das Geschenk der Erlösung wirksam werden kann.

Dies ist das Wort vom Glauben, das wir predigen! (Römer 10,8b).

Denn wenn du mit deinem Munde bekennst, dass Jesus der Herr ist, und in deinem Herzen glaubst, dass ihn Gott von den Toten auferweckt hat, so wirst du gerettet. Denn wenn man von Herzen glaubt, so wird man gerecht; und wenn man mit dem Munde bekennt, so wird man gerettet (Römer 10,9-10).

Neben der Glaubensbeziehung zwischen Geschöpf und Schöpfer ist das Bekennen das entscheidende Kennzeichen des Geretteten. Das griechische Wort »homologein« (bekennen) steht im Neuen Testament im Gegensatz zu »nichts sagen«, »schweigen«, »behaupten, dass es nicht gibt« oder auch »leugnen«.[102] Davon ausgehend können wir sagen, dass »bekennen« bedeutet, dass man »nicht schweigt«, »etwas sagt«, zu dem steht, was Tatsache ist und auf keinerlei Weise falsche Tatsachen vorzutäuschen sucht.[103] Beim Bekennen geht es darum, dass Schein und

[102] Matthäus 10,32-33/Lukas 12,8-9; Johannes 1,20; 9,22; 12,42; Apostelgeschichte 23,8; Titus 1,16; 1. Johannes 2,23.

[103] Im Neuen Testament erscheint als Inhalt eines Bekenntnisses »eine Tatsache/Bedingung« (Johannes 1,20; Apostelgeschichte 23,8; 24,14; 1. Timotheus 3,16; 1. Johannes 1,9; Hebräer 11,13), »eine Verheißung« (Matthäus 14,7; Apostelgeschichte 7,17), »dass sie Gott kennen« (Titus 1,16), »dass Jesus der Messias ist« (Johannes 9,22), »dass Jesus Herr ist« (Römer 10,9), »dass Jesus Christus im Fleisch gekommen ist« (1. Johannes 4,2; vergleiche 2. Johannes 7), »dass Jesus der Sohn Gottes

Sein, Name und Wesen, Etikett und Inhalt, Worte, Gedanken und Taten übereinstimmen.

Zu den Konsequenzen eines Bekenntnisses gehört, dass man den Bekennenden einzuordnen weiß[104] und dass der Bekenner eine Verpflichtung eingeht, das heißt sich selbst festlegt.[105] Schon zur Zeit des Neuen Testaments konnte ein Bekenntnis zur Folge haben, dass man religiös und sozial ins Abseits geriet.[106] Doch so wie ein Bekenntnis den Abbruch von Beziehungen nach sich ziehen kann, kann es auch zur Grundlage einer Beziehung werden.[107] Wenn es dabei um die Beziehung zwischen Gott und Mensch geht,[108] hat das Bekennen das ewige Heil des Bekennenden zur Folge.

Nicht erst für Paulus, schon für Jesus ist das Bekenntnis unabdingbar für die Beziehung zwischen Mensch und Gott: »Wer nun mich bekennt vor den Menschen, den will ich auch bekennen vor meinem himmlischen Vater. Wer mich aber verleugnet vor den Menschen, den will ich auch verleugnen vor meinem himmlischen Vater« (Matthäus 10,32-33). Glaube und Bekenntnis sind untrennbar mitei-

---

ist« (1. Johannes 4,15; vergleiche 1. Johannes 2,23) und »Sein Name« (Hebräer 13,15). So kann dann auch »bekennen« (Römer 10,10), »das Bekenntnis« (Hebräer 4,14), »das gute Bekenntnis« (1. Timotheus 6,12) und »das Bekenntnis der Hoffnung« (Hebräer 10,23) allgemein genannt werden, wobei vorausgesetzt wird, dass es um dieses Bekenntnis zur Messianität und zur persönlichen Annahme Jesu als Herr geht.

104 Vergleiche Apostelgeschichte 23,8; 24,14; 1. Johannes 4,2.3; 2. Johannes 7.

105 Matthäus 14,7; Apostelgeschichte 7,17.

106 Johannes 9,22; 12,42.

107 Matthäus 7,23; 10,32; Lukas 12,8; Johannes 12,42; Offenbarung 3,5.

108 Vergleiche neben unserem Text Römer 10,9-10 auch noch 1. Johannes 2,23; 4,15.

nander verbunden, so »dass weder der bekenntnislose Glaube zur ›dikaiosyne‹ [Gerechtigkeit] noch das glaubenslose Bekenntnis zur ›soteria‹ [Erlösung] führe.«[109]

Bei meinen Studien zur Wortfamilie um das Wort »bekennen« im Neuen Testament ist mir keine Stelle aufgefallen, in der das Bekenntnis die Bekehrung dessen zum Ziel gehabt hätte, der das Bekenntnis zur Kenntnis nimmt. Beim »Bekennen« geht es nicht darum, ein Gegenüber zu überzeugen, sondern um die Integrität des Bekennenden. »Bekennen« ist eine eindeutige, allseits klar verständliche Identifikation, die der Beziehung dient, zu der man sich bekennt. Um unserer eigenen Glaubwürdigkeit willen sollten wir den biblischen Unterschied zwischen »bekennen« (homologein) und »verkündigen« (keryssein)[110] festhalten.

Denn die Schrift spricht: »Wer an ihn glaubt, wird nicht zuschanden werden.« Es ist hier kein Unterschied zwischen Juden und Griechen; es ist über alle derselbe Herr, reich für alle, die ihn anrufen. Denn »wer den Namen des Herrn anrufen wird, soll gerettet werden« (Römer 10,11-13).

Wiederholt betont der Apostel Paulus in seinen Briefen, dass es diesbezüglich keine geschlechtlichen, sozialen oder ethnischen Unterschiede gibt.[111] Es ist nur einer, der den Menschen aus seiner Sündenverfallenheit zu retten ver-

---

[109] Philippi, 485-486.

[110] Eine Wortstudie zu »keryssein« folgt im nächsten Kapitel.

[111] 1. Korinther 12,13; Galater 3,26-28; Kolosser 3,9-11; vergleiche ferner Apostelgeschichte 10,34-36.

mag: Der Schöpfer des Himmels und der Erde, der sich als Gott Abrahams, Isaaks und Jakobs offenbart hat. Nur wenn sich ein Mensch, sei er Mann oder Frau, Sklave oder Freier, Jude oder Nichtjude diesem einen Gott zuwendet, ihn anruft, auf sein Heilsangebot eingeht und sich zu dieser Beziehung dann auch bekennt, wird er gerettet werden. Hier erweist sich der Apostel der Heiden ganz und gar als orthodoxer Jude, für den das Bekenntnis »Höre, Israel, der Herr ist unser Gott, der Herr ***allein***!« (5. Mose 6,4) zur unveräußerlichen Grundlage jeglicher menschlichen Existenz gehört.

Damit ebnet er jedoch die von Gott gesetzten Unterschiede zwischen den Menschen nicht ein. Der Schöpfer hat Männern und Frauen unterschiedliche, einander ergänzende Lebensaufgaben in Ehe, Familie und Gesellschaft zugewiesen.[112] Paulus greift nicht einmal die Gesellschaftsordnung seiner Zeit an, in der »Sklaven« und »Herren« unterschiedliche soziale Funktionen und Stellungen bekleideten.[113] Genauso wenig hebt er durch diese Aussage die besonderen Berufungen und Begabungen Israels auf. Bis hin zur Rechtfertigungslehre gibt es Unterschiede zwischen dem auserwählten Volk und den Völkern. So bemerkt der Apostel zum Beispiel in Römer 3,30, dass Gott »die Juden aus dem Glauben, die Heiden«

---

[112] Der Apostel unterstreicht dies mit Nachdruck in 1. Korinther 11,2-16; Epheser 5,21-33; Kolosser 3,18-19; 1. Timotheus 2,8-15; 5,1-25; Titus 2,1-8.

[113] Beispiele hierfür sind Epheser 6,5-9; Kolosser 3,22-4,1; 1. Timotheus 6,1-2; Titus 2,9-10 und die Einstellung, die im Philemon-Brief zum Ausdruck kommt.

jedoch »durch den Glauben« gerecht macht.[114] Die Betonung liegt hier genau wie in Römer 10 auf dem einen Gott, der beide rechtfertigt.

Deshalb hat Martin Luther zwar nicht den griechischen Urtext wörtlich wiedergegeben, aber im gesamtbiblischen Zusammenhang richtig übersetzt: »Es ist hier[115] – in dieser Beziehung! – kein Unterschied zwischen Juden und Griechen«, denn es ist ausschließlich der eine Herr, der Gott Abrahams, Isaaks und Israels, der die Macht hat zu erretten. Die erste und alles entscheidende Äußerung des Glaubens ist, sich Hilfe suchend an ihn zu wenden, ihn anzurufen.[116]

---

[114] Ein Unterschied in der Rechtfertigung von Juden und Heiden kommt auch in Römer 11,24 und 15,8-9 zum Ausdruck.

[115] Dieses »hier« kommt im griechischen Urtext nicht vor.

[116] Vergleiche dazu zum Beispiel 1. Mose 4,26; 12,8; Apostelgeschichte 2,21; 7,59; 9,13-14.21; 22,16; 1. Korinther 1,2; 2. Timotheus 2,22.

VI. Kapitel

»Die Füße der Freudenboten«

Die Botschaft der Heidenvölker an Israel (Römer 10,14–15)

- Bedingungslose Liebe (Römer 9,1-3),
- das Wissen um die Vorzüge des Gottesvolkes (9, 4-5),
- das Anerkennen der absoluten Souveränität Gottes (9,6-33) und
- ein exklusiver Heilsweg (10,1-13)

sind die Grundlage der Israeltheologie des Apostels Paulus. Ausgehend von diesen Voraussetzungen baut der Apostel jetzt – echt rabbinisch – einen Kettenschluss auf, der in ein Zitat aus dem Propheten Jesaja einmündet: »Wie lieblich sind die Füße der Freudenboten, die das Gute verkündigen!« (Jesaja 52,7).

Es geht um Verkündigung. Thema von Römer 9-11 ist Israel. Am Anfang seines Briefes stellt sich Paulus als derjenige vor, dessen Auftrag es ist »den Gehorsam des Glaubens aufzurichten unter allen Heiden«, um dann seine Leser unmittelbar daran zu erinnern: »zu denen auch ihr gehört« (Römer 1,5-6). Im engeren Zusammenhang unseres Textes schreibt er ausdrücklich: »Euch Heiden aber sage ich« (11,13). Und am Anfang von Römer 9 spricht er nicht etwa von »unseren Brüdern«, sondern ganz betont von »meinen Brüdern, die meine Stammverwandten sind nach dem Fleisch« (Vers 3). Damit schließt er zwar sich selbst ein, wenn er von Israel spricht, seine Leser jedoch nicht. Dasselbe gilt für den Anfang von Kapitel 11.[117]

Paulus spricht zu Nichtjuden über die Predigt zum jüdischen Volk. Meiner Beobachtung nach ist Römer 10,14-21 der einzige Text in der Heiligen Schrift, der an Nichtjuden gerichtet ist und in dem es um die Verkündigung des Evangeliums an Israel geht. Deshalb hat dieser Textzusammenhang eine Schlüsselfunktion bei der Beantwortung der Frage, ob und welchen Predigtauftrag wir als heidenchristliche Gemeinde am jüdischen Volk haben.

Zu Beginn unseres Kapitels hat Paulus unmissverständlich offen gelegt, was ihn treibt: »Liebe Brüder, meines Herzens Wunsch ist, und ich flehe auch zu Gott für sie, dass sie gerettet werden« (Römer 10,1). In den darauf folgenden Versen hat er dann gezeigt, dass nach biblischer Auffassung nur derjenige gerettet werden kann, der »den Namen des Herrn anrufen wird« (10,13). Darauf baut der Apostel jetzt logisch auf:

Wie sollen sie aber den anrufen, an den sie nicht glauben? (Römer 10,14a).

Wie sollen sie sich an den Einzigen wenden, der wirklich retten kann, wenn sie keine Beziehung zu ihm haben? Das Anrufen, der Schlüssel zur Errettung, hat eine innere Voraussetzung: Die vertrauensvolle, auf gegenseitige Treue aufgebaute Beziehung, welche die Bibel als »Glauben«

[117] Siehe zur Frage des Adressaten des Römerbriefes die Ausführungen von Godet, 128f., mit Rückbezug auf Weizsäcker, Jahrbücher für deutsche Theologie (1876), 257ff.

bezeichnet. Einzig der Glaube traut dem Retter wirklich alles zu, und genau das ist Bedingung für das Gerettetwerden, die Voraussetzung dafür, dass man sich im Aufschrei der Ausweglosigkeit an den Retter wendet.

Wie sollen sie aber an den glauben, von dem sie nichts gehört haben? (Römer 10,14b).

Auch eine Glaubensbeziehung entsteht nicht automatisch. Sie hat ebenfalls eine Voraussetzung, nämlich das Hören. Eigentlich ist das eine Binsenweisheit, die der Apostel im Vers 17 unseres Kapitels noch einmal ausdrücklich feststellt: »Der Glaube kommt aus dem Hören.«[118] Ohne ein Kennenlernen dessen, der Zielpunkt und Gegenstand unseres Glaubens ist, kann es kein Glauben geben. Deshalb ist das Hören auf die Offenbarung, die gründliche Beschäftigung mit dem Wort Gottes, unabdingbare Grundlage unserer Vertrauensbeziehung mit dem himmlischen Vater. So etwas wie einen »blinden«, »uninformierten« oder gar »dummen« Glauben kennt die Bibel nicht.

Gewiss, der Herr Jesus verheißt gerade den Kindern das Reich Gottes.[119] »Aus dem Munde der Unmündigen und Säuglinge« hat sich der Schöpfer ein besonderes Lob bereitet.[120] Diese Aussagen sind jedoch keine Entschuldigung für Faulheit beim Schriftstudium. Unser Schöpfer hat uns geschaffen als Einheit aus Geist, Seele und Leib.

118 Vergleiche neben Römer 10,17 auch 1. Korinther 15,11.12.14; 1. Timotheus 3,16.
119 Vergleiche z. B. Matthäus 18,1-5; 19,13-15; Lukas 18,15-17.
120 Psalm 8,3; Matthäus 21,16.

Er sucht unsere ganze Hingabe, auch die des Verstandes. Außerdem weiß schon ein kleines Kind, warum es sich vertrauensvoll ausgerechnet in die Arme seines eigenen Vaters fallen lässt, während Fremden gegenüber ein gesundes Misstrauen besteht. Die biblischen Aussagen über den Vorteil der Kinder und Einfältigen heben das Wort Jesu keineswegs auf, dass diejenigen besonders gesegnet sind, »die das Wort Gottes hören und bewahren« (Lukas 11,28).

Wie sollen sie aber hören ohne Prediger? (Römer 10,14c).

Bereits in Vers 8 hatte der Apostel davon gesprochen, dass er »das Wort vom Glauben« zu »predigen« habe. Der »Prediger« ist in dieser fünfgliedrigen Kette von »anrufen«, »glauben«, »hören«, »predigen« und »gesandt sein« der Knackpunkt.

»Predigt« wird heute vielfach als öffentliche Entwicklung von mehr oder weniger privaten Gedanken, Erfahrungen, Einsichten, Erkenntnissen und Meinungen des »Predigers« verstanden. Im besten Falle ist »Predigt« eine Auseinandersetzung unter anderen mit den Strömungen und Meinungen des Zeitgeistes. Doch hinter dem griechischen Wort »keryssein« steht eine andere Vorstellung.

Mit »keryx« wurde ursprünglich der Herold bezeichnet, der die Willenserklärung des Kaisers an dessen Untertanen weiterzugeben hatte. Dabei war die persönliche Meinung des »keryx« vollkommen uninteressant. Seine Person war unwichtig im Vergleich zu seiner Botschaft, die keinesfalls »Privatsache«, sondern für alle Adressaten bindend war. Wer die Botschaft nicht hören wollte, musste das früher oder später vor dem verantworten, der den »keryx« gesandt hatte.[121] Ein Herold verkündigt nicht, was er »sich denkt« oder »auf dem Herzen hat«. Er gibt weder seine Erklärung der Botschaft noch seine persönliche Einschätzung der Lage zum Besten. Er verkündigt ganz einfach die Botschaft des Regenten, unverfälscht, unverkürzt, aber auch ohne alle erklärenden Zusätze. Erstes Ziel der »Predigt« ist deshalb nicht die Erbauung des Zuhörers, sondern dessen Stellungnahme – seine Entscheidung, der Gehorsam.

Im babylonischen Talmud finden wir dieses »Botenprinzip« im Traktat Berachot 34b. Dort sagt die Mischna: »Wenn jemand beim öffentlichen Gebet einen Fehler macht, ist das ein schlechtes Zeichen für den Vorbeter. Wenn der jedoch von einer Gemeinde dafür bestimmt wurde, ist das ein schlechtes Zeichen für diejenigen, die ihn beauftragt haben. Denn der Bevollmächtigte eines Menschen steht für den Menschen selbst.«[122] Das heißt der »keryx« ist nicht mehr, aber auch nicht weniger als die Autorität, die hinter ihm steht. Sender und Gesandter sind so untrennbar miteinander verbunden, dass der Hörer der Botschaft im Botschafter demjenigen gegenübersteht, der den »Prediger« gesandt hat. So kann Jesus bei der Aussendung seinen Jüngern sagen: »Wer euch hört, der hört mich; und wer euch verachtet, der verachtet mich; wer aber mich verachtet, der verachtet den, der mich gesandt hat« (Lukas 10,16).

---

[121] de Boor, 247.

[122] Für den »Bevollmächtigten« steht hier im Talmud das hebräische Wort »shaliach«, wörtlich: Entsandter, das im Griechischen mit »apostolos« wiederzugeben wäre. Der entsprechende lateinische Wortstamm baut sich um das Wort »missionare« herum auf.

Entscheidend für die Vollmacht eines »keryx« sind weder sein Sendungsbewusstsein noch seine Begabung. Auch die Erkenntnis einer Notwendigkeit ist noch keine Berechtigung zum Predigen. Als Jesus »das Volk sah, jammerte es ihn; denn sie waren verschmachtet und zerstreut wie die Schafe, die keinen Hirten haben.« Mit dieser Einsicht wandte er sich dann jedoch nicht etwa an seine Jünger mit der Aufforderung: »Ihr seht, was fehlt! Ihr habt, was fehlt! Also geht und bietet den Orientierungslosen, was ihnen fehlt!« Vielmehr bittet er seine Jünger in aller Demut: »Die Ernte ist groß, aber wenige sind der Arbeiter. Darum bittet den Herrn der Ernte, dass *er* Arbeiter in seine Ernte *sende*« (Matthäus 9,36-38). Entscheidend für die Vollmacht eines »Predigers« ist, dass er gesandt ist. Deshalb muss das letzte Glied in der Fragekette des Paulus auch sein:

Wie sollen sie aber predigen, wenn sie nicht gesandt werden? (Römer 10,15a).

Ein Prediger, der nicht gesandt ist, ist so undenkbar wie ein Herold ohne den Kaiser, der hinter ihm steht. Jeder Prediger sollte sich vor Gott gewiss sein, dass er wirklich zu diesem Dienst berufen ist. Für Gott ist es keine Lappalie, wenn er feststellen muss: »Ich sandte die Propheten nicht, und doch laufen sie; ich redete nicht zu ihnen, und doch weissagen sie« (Jeremia 23,21).

Der Gott Israels zieht die unberufenen Herolde zur Rechenschaft: »Weil ihr dies Wort ›Last des Herrn‹ nennt, obgleich ich zu euch gesandt habe und euch sagen ließ, ihr sollt nicht ›Last des Herrn‹ sagen, – siehe, so will ich euch aufheben wie eine Last und euch samt der Stadt, die ich euch und euren Vätern gegeben habe, von meinem Angesicht wegwerfen und will euch ewige Schande und ewige Schmach zufügen, die nie vergessen werden soll« (Jeremia 23,38-40).

Ein »keryx« (Herold, Prediger) muss immer auch »apostolos« (Apostel, Gesandter) sein. Deshalb stehen im Neuen Testament die Begriffe »predigen« und »gesandt sein« oft nebeneinander.[123]

Werner de Boor (Seite 251) kommt zu dem Schluss: »Weil es sich um ›Heroldsdienst‹ und nicht um einen religiös-philosophischen ›Vortrag‹ handelt, kann nicht jeder von sich aus ›verkündigen‹. Es wäre ebenso lächerlich wie strafbar, wenn irgendjemand als ›kaiserlicher Herold‹ auftreten und seine eigenen Gedanken als ›kaiserliche Botschaft‹ ausgeben wollte. Wie viel ernster noch ist es hier, wo es um den heiligen, lebendigen Gott selber und um das Evangelium als ›Kraft Gottes zur Errettung‹ geht. ›Herolde‹ müssen mit festem und bestimmtem Auftrag ›entsandt‹ sein.«

Deshalb hat der »keryx« selbst auch keine Wahl, ob er predigen soll oder nicht. Timotheus wird von seinem geistlichen Vater dazu ermutigt, das Wort »zur Zeit oder zur Unzeit« zu predigen (2. Timotheus 4,2), und über sich selbst und seinen Predigtauftrag sagt der Apostel Paulus: »Wehe mir, wenn ich das Evangelium nicht predigte!« (1. Korinther 9,16).

Dieses Konzept vom »keryx« hatte Paulus im Sinn, wenn er sich selbst zu Beginn seiner Briefe als »Apostel«

---

123 Siehe zum Beispiel Markus 3,14; 6,7+12; Lukas 4,18-19; 9,2; Römer 10,14; 1. Timotheus 2,7; 2. Timotheus 1,11; vergleiche auch Markus 16,15.

vorstellt.[124] Damit ist jegliches Missverständnis ausgeschlossen, welchen Anspruch der Rabbiner Sha'ul aus Tarsus für seine Schriften erhebt. Seine Briefe verstehen sich selbst keineswegs auf einer Ebene mit talmudischen Diskussionen, in denen »Rabbi X im Namen von Rabbi Y überliefert«, wobei »Rabbi Z« dann ganz frei dagegenhalten darf. Mit dem Anspruch »Entsandter des Messias Jesus« zu sein, stellt Paulus die Lehraussagen seiner Briefe grundsätzlich mit dem autoritativen »Ich aber sage euch« des Christus und dem »So spricht der Herr« der Propheten des Alten Testaments auf eine Stufe.

Die Authentizität des »keryx« lässt sich an seiner Botschaft festmachen. Dies gilt für Jeremia 23 im Blick auf die falschen Propheten. Gleichermaßen gibt der Apostel auch hier einen Hinweis auf den Inhalt der Botschaft – für den Fall, dass heidenchristliche Boten an Israel wirklich vom Gott Israels gesandt sind:

Wie denn geschrieben steht: »Wie lieblich sind die Füße der Freudenboten, die das Gute verkündigen!« (Römer 10,15b).

1. Eine gute Botschaft

Soweit in diesem Zitat von Jesaja 52,7 wertende Worte verwendet werden, sind diese ausnahmslos positiv: »lieblich«, »Freudenboten« und »das Gute«, beziehungsweise

[124] Römer 1,1; 1. Korinther 1,1; 2. Korinther 1,1; Galater 1,1; Epheser 1,1; Kolosser 1,1; 1. Timotheus 1,1; 2. Timotheus 1,1; Titus 1,1; ebenso Petrus in 1. Petrus 1,1; 2. Petrus 1,1.

wörtlich »die Güter« (ta agatha). Diese »Evangelisten« bringen gute Nachrichten, eine Botschaft des Friedens.[125] Sie haben den Auftrag, einen »Shalom« zu verkündigen, der nicht nur Illusionen vermittelt oder Träume nährt. Der Friede Gottes, der in den Herzen einzelner Menschen beginnt, wird allem Blutvergießen und allen Tränen ein Ende bereiten. Die Friedensboten verkündigen »Shalom« im umfassenden Sinn. »Das Gute« (ta agatha) sind offensichtlich »die Güter« des messianischen Reiches.[126]

Nicht nur im Gespräch über das jüdische Volk, sondern auch in der Begegnung mit Juden überwiegt in den Gedanken und Fragen bibelfester und durchaus wohlmeinender Christen meist das weniger Gute: die große Drangsalszeit, dass Jerusalem noch einmal zerstört und »zwei Teile im Lande ausgerottet werden sollen« (vergleiche Sacharja 13,8). Die Wehen aus Matthäus 24, die Kriege mit Gog aus Magog (Hesekiel 38-39) oder die berühmte »Schlacht von Harmaggedon« (Offenbarung 16,16) bieten bei weitem lukrativeres Spekulationsmaterial als etwas »Gutes«. Doch falsche prophetische Neugierde kann sich leicht und oftmals unwillkürlich in eine Botschaft des Schreckens verwandeln, in deren Angesicht alles Gute verblasst.

2. Eine Botschaft des Trostes

Adolf Schlatter meint in seinem Römerbriefkommentar: Die Füße der Freudenboten sind »darum lieblich, weil sie

---

125 Vergleiche zum Beispiel Epheser 2,17.

126 Vergleiche Hebräer 9,11; 10,1, wo derselbe Ausdruck verwendet wird.

nicht mit dem Gerichtswort kommen, sondern mit dem Evangelium, das den Frieden Gottes anbietet.«[127] Es ist kein Zufall, dass Paulus durch sein Schriftzitat aus Jesaja 52 auf den zweiten Teil des Jesajabuches (Jesaja 40-66) zurückverweist, den die Juden »Yeshayahu HaMenachem«, »Jesaja, den Tröster«, nennen. Im Gegensatz dazu steht der erste Teil des Prophetenbuches als »Yeshayahu HaShofet«, »Jesaja, der Richter« (Jesaja 1-39).

Der Prophet, der sehr wohl um die Sünde und das Unrecht in seinem Volk weiß, beginnt das 40. Kapitel seines Buches mit den Worten: »›Tröstet, tröstet mein Volk!‹, spricht euer Gott. ›Redet mit Jerusalem freundlich und prediget ihr, dass ihre Knechtschaft ein Ende hat, dass ihre Schuld vergeben ist‹« (Jesaja 40,1-2).

Im zweiten Teil des Jesajabuches taucht immer wieder dieser geheimnisvolle »dritte Spieler« im Szenario auf, zu dem der Gott Israels zwar als »euer Gott« reden kann, der aber unterschieden ist von »mein Volk«. Gott hat sich ein Instrument aus den Heidenvölkern gerufen, um Israel zu trösten, um mit Jerusalem freundlich zu reden und ihr zu predigen, dass ihre Knechtschaft ein Ende hat.

Wer diese Worte aus Jesaja 40 im heutigen Israel ganz einfach – ohne jede Erklärung oder Ausdeutung – auf Hebräisch nachspricht, wird feststellen, dass sie von beispielloser Aktualität sind. Gerade fromme Juden zeigen sich erstaunt, wenn ein Nichtjude, ein »Heide«, »freundlich« zu ihnen spricht, ihnen Trost vermitteln will. Im besten Falle haben sie Heiden kennen gelernt, die sie darauf aufmerksam zu machen suchten, wie weit Israel von seiner göttlichen Bestimmung entfernt lebt. Jetzt aber

[127] Schlatter, 188.

kommen »Heiden« zu ihnen, die nicht nur freundlich reden, sondern auch noch davon, dass »ihre Knechtschaft ein Ende« haben wird.

Das hebräische Wort für »Knechtschaft« bedeutet in der heutigen Umgangssprache »Militärdienst«. Freundliche Worte vom »Ende des Militärdienstes« sind Balsam auf die Wunden angstgeplagter Eltern, deren Söhne drei Jahre Wehrdienst, oftmals unter Lebensgefahr, absolvieren müssen.

Dass auf Sünde Gericht folgt, kann jeder Mensch, der eine Ahnung von einem gerechten Gott hat, einem von Identitätskrisen und Sinnsuche zerrissenen jüdischen Volk vor Augen malen. Dass »ihre Schuld vergeben *ist*«, kann dagegen nur jemand mit Bestimmtheit sagen, der von Geburt nicht »mein Volk« ist, aber dennoch um den Gott Abrahams, Isaaks und Jakobs als Vater im Himmel weiß.

3. Eine Botschaft gegen allen Augenschein

Weder der Apostel Paulus noch der Prophet Jesaja waren »realitätsferne Israelschwärmer«. Sie sprachen mit dem auserwählten Volk »freundlich«; sie sagten ihm, dass seine »Schuld vergeben *ist*«; sie träumten vom »Ende des Militärdienstes« – nicht etwa deshalb, weil sie sich über den wahren Zustand des Gottesvolkes hinweggetäuscht hätten.

Paulus wusste um das »verflucht und von Christus getrennt« seiner »Stammverwandten nach dem Fleisch« (Römer 9,3), sonst wäre seine Bitte, an ihre Stelle treten zu dürfen, sinnlos gewesen! Der Apostel hatte den Hass und die Ablehnung seines Volkes, die nicht nur ihm persönlich galten, sondern auch dem, der ihn gesandt hatte, mehrfach am eigenen Leibe erfahren (2. Korinther 11, 24-25).

Genauso wenig machte sich Jesaja Illusionen. Allein im engeren Kontext des von Paulus in Römer 10,15b zitierten Wortes (Jesaja 52,7) deutet er an:

- dass Zion aufwachen muss (Vers 1),
- dass es verstaubt und gefangen ist (Vers 2),
- dass es verkauft ist, das heißt einem unrechtmäßigen Besitzer gehört (Vers 3),
- dass es von Tyrannen regiert wird, deren Herrschaft dazu führt, dass der Name des Herrn »unaufhörlich den ganzen Tag gelästert« wird (Vers 5) und
- dass »mein Volk« »meinen Namen« nicht kennt (Vers 6).

Jesaja weiß, dass die Geschichte Israels dazu geführt hat, dass Zion spricht: »Der Herr hat mich verlassen, der Herr hat meiner vergessen!« (Jesaja 49,14) – und auch so lebt.

Doch aller Erfahrung des jüdischen Volkes zum Trotz hält der Prophet seinem Volk entgegen: »Kann auch ein Weib ihres Kindleins vergessen, dass sie sich nicht erbarme über den Sohn ihres Leibes? Und ob sie seiner vergäße, so will ich doch deiner nicht vergessen« (Jesaja 49,15). Den hinterlistigen »Fersenhalter« und Betrüger Jakob nennt er »Israel« und ruft ihm zu: »Fürchte dich nicht, denn ich habe dich erlöst; ich habe dich bei deinem Namen gerufen; du bist mein!« (Jesaja 43,1). Und in unserem unmittelbaren Kontext lässt er den (physischen und geistlichen) Trümmern Jerusalems sagen: »Seid fröhlich und rühmt miteinander, ... denn der Herr hat sein Volk getröstet und

Jerusalem erlöst« (Jesaja 52,9). Die Botschaft der von Gott an sein Volk gesandten Wächter und Freudenboten ist eine Botschaft gegen allen Augenschein.

4. Eine uralte Botschaft

Der Kontext, auf den Paulus sich bezieht, gibt uns auch Aufschluss über den konkreten Inhalt der Botschaft der Freudenboten. Als Herolde des Königs der Könige und Herrn aller Herren sprechen sie nicht von ihren Erfahrungen oder theologischen Einsichten. Sie erzählen auch nicht von ihrer persönlichen Beziehung zu dem, der sie gesandt hat, oder Geschichten darüber, wie diese zustande gekommen ist. Ganz schlicht und einfach richten sie Zion aus: »*Dein* Gott ist König!« (Jesaja 52,7).

Die nicht-israelitischen Botschafter des Trostes im zweiten Teil des Jesajabuches bezeugen Israel nicht *ihren eigenen* Gott, wie das sonst die Heidenvölker tun, wenn sie das jüdische Volk zu bekehren suchen. Sie bieten nicht heidnische Alternativreligionen oder ziehen das auserwählte Volk nicht von dem weg, der sich als »Gott Abrahams, Isaaks und Jakobs« sowie später am Sinai und durch die Propheten offenbart hat. Denn der Gott Israels hat ihnen ausdrücklich aufgetragen: »Freudenbotin Zions, steig auf einen hohen Berg; Freudenbotin Jerusalems, erhebe deine Stimme mit Macht; erhebe sie und fürchte dich nicht! Sage den Städten Judas: Siehe, da ist *euer* Gott!« (Jesaja 40,9).

Während die Heiden aufgerufen werden, sich zu »bekehren von der Finsternis zum Licht und von der Gewalt des Satans zu Gott« (Apostelgeschichte 26,18), soll Israel zurückkehren zu ***seinem*** ureigenen Gott und Vater. Nichtjuden müssen ausgebrochen werden »aus dem Ölbaum, der von Natur wild war«, um »wider die Natur in den edlen Ölbaum eingepfropft« zu werden. An Israel, »die natürlichen Zweige«, dagegen ergeht die Botschaft, sich wieder »in ***ihren eigenen*** Ölbaum« einpfropfen zu lassen (Römer 11,24). Das ist ein grundlegender inhaltlicher Unterschied zwischen Heidenmission und Judenmission. Eine Missionstheologie, welche die biblische Unterscheidung zwischen Israel und den Völkern außer Acht lässt und den besonderen Bezug zum jüdischen Erbe im Zeugnis an Israel nur als eine Version der »Kontextualisierung des Evangeliums« betrachtet, steht in der Gefahr, sich selbst »Moab und Se'ir« gleichzustellen, die sprachen: »Siehe, das Haus Juda ist nichts anderes als alle Völker!« (Hesekiel 25,8).

Auch nach dem Zeugnis des Neuen Testaments hat die heidenchristliche Gemeinde Israel nichts anderes auszurichten als die uralte Botschaft der alttestamentlichen Propheten: »Siehe, da ist ***euer*** Gott!« und »***Dein*** Gott ist König!« Ein orthodoxer Rabbiner in einer Jerusalemer Synagoge quittierte mir diese Auskunft einmal nachdenklich: »Eigentlich müssten wir das unserem Volk sagen!«

Der entscheidende Unterschied, »das Geheimnis, das verborgen war seit ewigen Zeiten und Geschlechtern, nun aber offenbart ist seinen Heiligen«, liegt in den Botschaftern. Das entscheidend Neue ist »der herrliche Reichtum dieses Geheimnisses ***unter den Heiden***, nämlich der Messias in ***euch***«.[128]

[128] Kolosser 1,26-27; vergleiche auch Römer 16,25-26.

VII. Kapitel

»Damit Israel ihnen nacheifern sollte«

Der Auftrag der Heidenvölker (Römer 10,14–19)

Ausgangspunkt für den Gedankengang des Paulus war, dass es nur einen Heilsweg gibt: Nur »wer den Namen des Herrn anrufen wird, soll gerettet werden« (Römer 10,13). Darauf hatte er dann den logischen Kettenschluss von »anrufen« – »glauben« – »hören« – »predigen« – »gesandt sein« aufgebaut. Am Ende dieses Kettenschlusses gibt der Apostel durch das Zitat aus Jesaja 52,7 noch einen konkreten Anhaltspunkt dafür, welche Botschaft die »Herolde« haben.

Paulus beschreibt die Notwendigkeit, das Umfeld und den Charakter von Botschaftern, die aus den Heidenvölkern zu Israel kommen. Die Notwendigkeit: »Wie sollen sie anrufen ... Wie sollen sie glauben ... Wie sollen sie hören ohne Prediger?« Das Umfeld: »Wie sollen sie predigen, wenn sie nicht gesandt sind?« Eine Sendung ist die Grundvoraussetzung für das Predigen. Wehe dem, der predigt, ohne gesandt zu sein! Den Charakter der Prediger, wenn diese wirklich »gesandt« sind: »Wie lieblich sind die Füße der Freudenboten, die das Gute verkündigen!«

Entscheidend ist an dieser Stelle nicht nur festzuhalten, was der Apostel sagt, sondern auch, was er *nicht* sagt. Er sagt nicht, dass das Volk nicht gehört hat. Er sagt nicht, dass Prediger fehlen. Er sagt nicht, dass die Empfänger seines Briefes automatisch »Gesandte sind«. So schreibt zum Beispiel Martin Schacke zu Römer 10,17: »Aus diesem göttlichen Geschehen [des Hörens] erwächst göttlicher Glaube, und nur aus diesem.«[129] Zweifellos erklärt Paulus hier, dass der Glaube aus dem Hören des gepredigten Wortes kommt. Dass der Glaube aber »***nur***« aus dem Hören komme, ist eine Hinzufügung des Auslegers – und eine Weichenstellung, die bei vielen Lesern des Römerbriefes das Verständnis für alles Weitere grundlegend verbaut.

Paulus stellt hier zunächst einmal nur einen Zusammenhang von Ursache und Wirkung auf. Diesen Zusammenhang braucht er als Basis für seine weitere Argumentation. Wenn wir den Apostel verstehen wollen, ist entscheidend, dass wir ihm zuhören, ihn bis zum Schluss ausreden lassen – und nicht in der Mitte des Gedankenganges »abspringen«, um dann mit unserer eigenen Logik oder Theologie fortzufahren. Das »Aber«, mit dem Vers 16 einsetzt, darf nicht vom vorhergehenden Text losgelöst werden:

Aber nicht alle sind dem Evangelium gehorsam (Römer 10,16a).

Trotz der »Füße der Freudenboten, die das Gute verkündigen«, sieht die Realität des Volkes Israel so aus: Nicht alle sind dem Evangelium gehorsam. Das »Aber« am Anfang von Römer 10,16 scheint vorauszusetzen, dass Boten zu Israel gekommen sind, dass dem jüdischen Volk bereits gepredigt wurde.

[129] Schacke, 237.

Paulus unterstreicht seine Beobachtung mit einem Schriftzitat, mit dem er wiederum auf den zweiten Teil des Jesajabuches zurückverweist. Es ist gar nicht so erstaunlich, dass das jüdische Volk dem Evangelium ungehorsam ist ...

Denn schon Jesaja spricht: »Herr, wer glaubt unserm Predigen?« (Römer 10,16b).

Mit dem Zitat von Jesaja 53,1 deutet der Apostel ein Geschehen an, das er später noch ausführlich erklären wird. Der Evangelist Johannes berichtet, dass das jüdische Volk nicht an Jesus als Messias glaubte, »obwohl er solche Zeichen vor ihren Augen tat« (Johannes 12,37ff.). Dann erklärt der Lieblingsjünger Jesu dieses Phänomen ebenso wie Paulus als Erfüllung von Jesaja 53,1: »Herr, wer glaubt unserm Predigen? Und wem ist der Arm des Herrn offenbart?« Im Blick auf die Ablehnung der Juden betont er dann aber nicht etwa deren Ungehorsam, sondern konstatiert: Sie ***konnten*** nicht glauben, denn Jesaja hat wiederum gesagt (Jesaja 6,9.10): »Er hat ihre Augen verblendet und ihr Herz verstockt, damit sie nicht etwa mit den Augen sehen und mit dem Herzen verstehen und sich bekehren und ich ihnen helfe.« Ohne näher darauf einzugehen weist der Apostel mit diesem Zitat schon hier auf die heilsgeschichtlich bedeutsame Verstockung des jüdischen Volkes hin. Sie konnten nicht glauben!

Im Gedankenverlauf unseres Textes bleibt aber zunächst festzuhalten: Das Volk, das von Gott auserwählt und einzigartig begabt wurde, glaubt den von Gott gesandten Botschaftern nicht. Um dieses Paradox zu unterstreichen, wiederholt der Apostel noch einmal:

Also, der Glaube kommt aus der Predigt, das Predigen aber durch das Wort Christi (Römer 10,17).

Das griechische Wort »akoe«, das hier mit »Predigt« beziehungsweise »Predigen« übersetzt ist, fasst die Aussage der Verse 14 und 15 noch einmal zusammen. Während aber mit dem Gebrauch des Wortes »keryx/keryssein« der Nachdruck auf der Sendung, der Vollmacht und dem Anspruch des Predigers lag, tritt die Person des »Herolds« jetzt ganz in den Hintergrund.

»he akoe« bedeutet wörtlich übersetzt »das Hören« oder »das Gehörte«. Dabei liegt die Betonung auf dem Hörenden und dem Ursprung des Gehörten, dem Wort Christi. Der Schwerpunkt der Aufmerksamkeit verlagert sich vom Verkündiger auf den Hörer der Predigt. Der Empfänger der Botschaft, das jüdische Volk, steht dadurch ganz unmittelbar dem Autor der Botschaft, dem Messias Israels, gegenüber. Wenn das Wort des Messias gehört wird, dann schafft das Glauben. Wenn Jesus einen Menschen anredet, entsteht eine Beziehung.

Aber eben diese Beziehung besteht nicht! Das zeigt die Erfahrung des Paulus. Angesichts dieser Tatsache drängt sich die Frage auf – und der Apostel spricht sie aus:

Haben sie es nicht gehört? (Römer 10,18a).

Er beantwortet sie nicht etwa wie das heute die Mehrheit der Christenheit tut: »Natürlich hat das jüdische Volk keine Ahnung vom Evangelium! Natürlich haben sie nicht gehört und deshalb gilt der Missionsbefehl auch an sie!« Paulus beantwortet die logische Frage, die durch den Unglauben Israels ausgelöst wird, anders:

Doch,

Israel hat gehört. Und Paulus begründet seine Aussage nicht mit Erfahrungen, sondern von der Schrift (Psalm 19,5) her:

denn es ist ja »in alle Lande ausgegangen ihr Schall und ihr Wort bis an die Enden der Welt«. (Römer 10,18b).

Eigentlich sollte ich den Apostel Paulus an dieser Stelle nicht ergänzen. Ein Zitat aus der Heiligen Schrift sollte genügen. Trotzdem will ich kurz andeuten, dass ich mich, je länger ich mich mit rabbinischer Literatur beschäftige, des Eindrucks nicht erwehren kann, dass orthodoxe Juden alle »theologischen Puzzleteile« in Händen halten, die sie zur Erlösung nach neutestamentlicher Lehre benötigen. Das schließt die Person Jesu mit ein.

Der babylonische Talmud (Traktat Sanhedrin 97b) erklärt, dass die Zeit seit der Zerstörung des zweiten Tempels das messianische Zeitalter ist. Die rabbinische Literatur spricht von einem »Messias, Sohn des Josef«, der sich in Galiläa offenbart und im Kampf gegen die Feinde Gottes und Israels sein Leben lassen muss.

Der Prophet Sacharja (12,10) schreibt: »Und sie werden mich ansehen, den sie durchbohrt haben, und sie werden um ihn klagen, wie man klagt um ein einziges Kind, und sie werden sich um ihn betrüben, wie man sich betrübt um den Erstgeborenen.« Traktat Sukka 52a des babylonischen Talmuds ergänzt dazu, dass der Grund für die Klage des jüdischen Volkes der Tod des »Messias ben Josef« ist.

Erstaunen sollte es uns allerdings nicht, hat doch schon Jesus selbst behauptet, dass die Schrift von ihm zeugt

(Johannes 5,39). Dass gläubige Juden mit einem Christen nicht darüber reden wollen, steht auf einem anderen Blatt. Entscheidend für unseren Text ist, dass Paulus von der Bibel her belegt: Das jüdische Volk hat bereits gehört. Da sie trotzdem nicht glauben, steht die logische Schlussfolgerung im Raum:

Hat es Israel nicht verstanden? (Römer 10,19a).

Die Art und Weise, wie diese Frage im Griechischen formuliert ist, lässt gar keine positive Antwort zu.[130] Natürlich hat Israel nicht verstanden. Deshalb kann der Apostel kurz und bündig mit einem Zitat aus 5. Mose 32,21 antworten. Die Israeliten konnten ja gar nicht glauben, denn schon Mose sagt als erster einer ganzen Reihe von Propheten:

»Ich will euch eifersüchtig machen auf ein Nicht-Volk; und über ein unverständiges Volk will ich euch zornig machen« (Römer 10,19b).

Der normale Weg ist, dass Glauben durch das verstehende Hören des Wortes gesandter Prediger entsteht. Doch bei Israel ist es anders. Israel hat gehört und doch nicht verstanden. Deshalb greift Gott zu einem Mittel, das sie eigentlich verstehen müssten: So wie sie ihn durch einen Nicht-Gott gereizt haben, »will ich sie wieder reizen durch ein Nicht-Volk«. Und so wie sie ihn durch ihre Abgötterei erzürnt haben, »will ich sie durch ein gottloses Volk erzürnen« (3. Mose 32,21). Gott beruft ein »Nicht-

[130] Godet, 217.

Volk«, ein »unverständiges Volk«, Menschen, denen die Privilegien des Gottesvolkes Israel fehlen, um sein auserwähltes Volk eifersüchtig zu machen.

Im nächsten Kapitel wiederholt Paulus diese Aussage noch einmal nachdrücklich:

Euch Heiden aber sage ich: Ich rühme mein Amt als Heidenapostel, weil ich dadurch meine Stammverwandten zum Nacheifern reizen und einige von ihnen retten könnte (Römer 11,13-14).

Er nennt nicht etwa seine oder Gottes Liebe zu den Nichtjuden als Grund dafür, dass er auf seine Berufung stolz ist. Der Heidenapostel hat bei seiner Heidenmission die Errettung Israels im Blick. Das jüdische Volk ist Ziel und Zweck seines Auftrages, auch wenn er nichts unmittelbar für die Juden tun kann. »Aber wenn er Heidengemeinden schafft, in denen sich Jesus in der Fülle seines Heils herrlich offenbart, so stellt er auch Israel ein Zeugnis von Christus vor die Augen, das es kräftig zum Glauben reizen soll.«[131] Heidenmission ist nach Aussage des Apostels die effektivste Judenmission.

So schreibt Paulus in Römer 11,11, dass das Heil ***deshalb*** den Heiden »widerfahren ist, ***damit*** Israel ihnen nacheifern sollte«. Das ist der Zweck der Berufung der Heidenvölker: Dass Israel auf sie eifersüchtig wird, ihnen nacheifert und so zum Glauben kommt.

Natürlich sind wir erlöst und »dazu vorherbestimmt, seine Kinder zu sein« »zum Lob seiner herrlichen Gnade« (Epheser 1,5-6). Natürlich haben wir »das Wort der Wahr-

[131] Schlatter, 196.

heit gehört«, wurden wir gläubig, mit dem Heiligen Geist versiegelt, »sein Eigentum« und »zu Erben eingesetzt«, »damit wir etwas seien zum Lob seiner Herrlichkeit« (Epheser 1,11-14). Die Ehre Gottes ist und bleibt Ziel der Heilsgeschichte Gottes mit dieser Welt.

Wenn wir allerdings nach einer innerweltlichen Funktion der Gemeinde fragen, dann bleibt festzuhalten: Wir sind nicht etwa erlöst, um missionarisch oder evangelistisch tätig zu werden. Wir wurden als Nichtjuden nicht erlöst, um danach das Evangelium sozialdiakonisch in die Welt hinauszutragen. Das alles gehört mit zum Aufgabenbereich der christlichen Kirche und soll in keiner Weise abgewertet werden. Aber nach Aussage des Apostels Paulus ist das Heil zu dem Zweck, mit der Aufgabenbestimmung, zu den Heiden gekommen, dass sie Israel eifersüchtig machen sollten.

»Predigen« ist eine exklusive Aufgabe, ausschließlich denen vorbehalten, die von Gott »gesandt« sind. Israel zur Eifersucht zu reizen aber ist eine Aufgabe der gesamten Gemeinde Jesu. Es gibt keine Christen, die nicht dazu berufen, zu dem Zweck erlöst wären, das jüdische Volk eifersüchtig zu machen. Israel zum Nacheifern herauszufordern, das ist der Grundauftrag der Gemeinde Jesu an Israel.

Was bedeutet das konkret?

Natürlich stellt sich nun die Frage, wie wir Israel konkret eifersüchtig machen können. Darauf geht Paulus hier in diesem Kontext nicht näher ein. Er stellt lediglich fest, dass dies die Funktion der heidenchristlichen Gemeinde Jesu ist. Entscheidend sind deshalb nach der Intention unseres

Textes nicht die Mittel, sondern das Ergebnis. Trotzdem will ich hier ein paar Anstöße in dieser Richtung zum weiteren Nachdenken geben.

1. Echt sein

Denn wenn man von Herzen glaubt, so wird man gerecht; und wenn man mit dem Munde bekennt, so wird man gerettet (Römer 10,10).

Eifersüchtig wird man nur auf das, was jemand ist oder hat, kaum auf das, was jemand gerne wäre. Deshalb ist entscheidend, dass wir »echt« sind. Das Vortäuschen von falschen Tatsachen oder gar Wunschträumen reizt den Zuschauer höchstens zum Lachen. Entscheidende Vorbedingung für ein glaubhaftes Zeugnis an Israel ist, dass das »Bekenntnis« stimmt, dass Inhalt und Etikett, Glaube und Leben übereinstimmen.

Das bedeutet zunächst einmal, dass wir eingestehen, als was Paulus uns hier bezeichnet: Wir sind ein »Nicht-Volk«, ein »unverständiges Volk«. Gewiss, der Zaun ist abgebrochen, wir Heiden haben das »Bürgerrecht Israels« und sind zu »Nahen« geworden – im Blick auf den »Zugang zum Vater« (Epheser 2,11-22). Bezüglich unseres Auftrags an Israel aber sind wir ein »Nicht-Volk«. Natürlich hat Gott uns durch seinen Geist offenbart, »was kein Auge gesehen hat und kein Ohr gehört hat und in keines Menschen Herz gekommen ist« (1. Korinther 2, 9-10) – hinsichtlich unseres Verhältnisses zum lebendigen Gott. Im Blick auf unser Verhältnis zu Israel aber sind wir ein »unverständiges Volk«.

Wenn wir das leugnen, nehmen wir dem himmlischen Vater die Möglichkeit, durch unser Wesen zu seinem Volk zu reden. Wenn wir Israel zu beweisen suchen, wie verständig, einsichtig und weise wir sind, rauben wir ihnen die Möglichkeit des Erstaunens darüber, was Gott denen offenbart hat, die nicht nach ihm fragten. Wenn wir anhand von theologischen Kapriolen zu beweisen suchen, dass ***wir*** »das auserwählte Geschlecht, die königliche Priesterschaft, das heilige Volk, das Volk des Eigentums« sind (1. Petrus 2,9), nehmen wir Israel die Chance, darauf eifersüchtig zu werden, »was der herrliche Reichtum dieses Geheimnisses unter den Heiden ist, nämlich der Messias in euch«, den Heidenvölkern, »die Hoffnung der Herrlichkeit« dort, wo sie eigentlich nicht hätte sein sollen, nämlich bei den Nichtjuden (Kolosser 1,27).

»Wenn eure Gerechtigkeit nicht besser ist als die der Schriftgelehrten und Pharisäer ...« (Matthäus 5,20). Dies hat Jesus nicht zufällig zu einer heilsentscheidenden Frage für seine Nachfolger gemacht. Er fordert nicht Rechthaberei, sondern Gerechtigkeit, nicht Besser-Wisserei, sondern Besser-Sein.

Uns, die wir uns Christen nennen, zur Mahnung hat er seinem Volk einen untrüglichen Maßstab an die Hand gegeben, mit dem es diejenigen beurteilen kann, die mit einem prophetischen Anspruch an es herantreten. Zweimal betont er, dass die wahren Botschafter nicht etwa an ihrer Lehre erkennbar sind, sondern: »An ihren Früchten sollt ihr sie erkennen!«, um dann mit großem Ernst fortzufahren: »Es werden nicht alle, die zu mir sagen: Herr, Herr!, in das Himmelreich kommen, sondern die den Willen ***tun*** meines Vaters im Himmel« (Matthäus 7,15-23).

Die Israeliten ***haben*** die Kindschaft (Römer 9,4). Und sie haben ein sehr feines Gespür dafür, was wirklich vom Vater kommt. Jede »Missionstaktik«, jede »Freundschaftsevangelisation«, jeder Umweg über Sozialarbeit oder Liebesdienst ist beim jüdischen Volk fehl am Platze. Wir müssen die Karten offen auf den Tisch legen, sagen, was uns treibt, was wir denken. Wir haben nichts zu verbergen. Denn im Verhältnis mit dem jüdischen Volk ist nicht theologisches Fachwissen, sondern echte Demut, nicht intellektuelle Brillanz, sondern Herzensreinheit gefragt. Entscheidend ist nicht, was wir fundiert theologisch oder mit biblischem Anspruch ***zu sein scheinen***, sondern das, was wir im Messias Yeshua ***sind***.

2. Schuld bekennen

Denke daran, was dir die Amalekiter taten auf dem Wege, als ihr aus Ägypten zogt ... so sollst du die Erinnerung an die Amalekiter austilgen unter dem Himmel. Das vergiss nie! (5. Mose 25,17.19).

Es ist nicht leicht, als Deutscher Juden zu begegnen. »Typisch deutsch« ist, wenn sich Deutsche in Israel darüber freuen, dass sie nicht »typisch deutsch« sind. »Typisch christlich« ist, dass man sich von der Schuld des Christentums gegenüber dem jüdischen Volk distanziert. So wie Amerikaner und Holländer betonen, dass Deutsche die größte Schuld im Blick auf die Juden auf sich geladen haben, ist Deutschen wichtig, dass man »Deutsche« und »Nazis« nicht automatisch in einen Topf wirft.

Aus der Sicht »wiedergeborener Christen« waren die christlichen Vertreter des Antisemitismus nur »Scheinchristen«. Protestanten betonen, dass Kreuzfahrer und Inquisitoren »Katholiken« waren. Und das Oberhaupt der katholischen Kirche konnte bei seinem Besuch in Israel nur die Schuld einzelner Glieder seiner Kirche am jüdischen Volk eingestehen. Diejenigen, die beim jüdischen Volk vor allem beklagen, dass es keine Sündenerkenntnis hat, erweisen sich als Meister darin, sich selbst aus der Verantwortung zu ziehen, die aus der eigenen Sünde und Schuld erwächst.

Zum »Echt-Sein« gehört, dass wir dazu stehen, woher wir kommen und wohin wir gehören. Wir bleiben unglaubwürdig, solange wir der Tatsache auszuweichen suchen, dass dem jüdischen Volk in keinem anderen Namen so viel Unheil zugefügt wurde wie in dem Namen Jesu von Nazareth. Wenn Juden heute auf zweitausend Jahre christlich-jüdischer Beziehungen zurückblicken, ist der Schluss nicht unlogisch, dass »Deutschland« »Amalek« ist, das Volk, das seine ganze Energie, seine Existenz investiert, um das jüdische Volk geistlich und physisch auszurotten.[132]

Haman, ein Nachfahre des letzten Amalekiterkönigs Agag, aus dem Buch Ester, scheint nur zu eindeutig ein Vorbild Adolf Hitlers zu sein.[133] Der ehemalige Oberrabbiner des britischen Weltreiches Joseph Herman Hertz erklärt in seinem Kommentar zum 2. Buch Mose:[134]

---

[132] Vergleiche zu Amalek 1. Mose 36,12.16; 2. Mose 17,8-16; 5. Mose 25,17-19; 1. Samuel 14 und 15; 1. Chronik 1,36.

[133] Vergleiche zum Beispiel Ester 3; 5,9-14; 6,13.

[134] Pentateuch und Haftoroth. Hebräischer Text und deutsche Übersetzung mit Kommentar, Band 2: Exodus (Zürich: Verlag Moraschа, 1984), 190.

»Amalek ist dahingeschwunden, aber sein Geist lebt noch auf Erden fort.« Schon der heidnische Seher Bileam wusste von Amalek, dass es einerseits »das erste unter den Völkern« ist, andererseits aber auch »zuletzt umkommen« wird (4. Mose 24,20).

Für meine orthodoxen Freunde ist es nicht leicht auszuhalten, dass ich Deutscher und Christ bin. Wir leben miteinander in Israel. Wir reden miteinander hebräisch. Unsere Kinder wachsen miteinander auf und gehen in dieselbe Schule. Wir verstehen uns gut. Wir arbeiten miteinander, manchmal mit demselben Ziel vor Augen. Deshalb sucht der eine nach »der jüdischen Großmutter« in meiner Vergangenheit, der andere meint, mich bald als Konvertiten und Teil des jüdischen Volkes begrüßen zu dürfen. Eine enge Freundschaft mit einem »echten Deutschen« und »bekennenden Christen« scheint undenkbar. Zweitausend Jahre Christentum haben bewiesen, dass Jesus nicht der Messias Israels sein kann. Aber genau da liegen Herausforderung und Chance ganz eng beieinander!

»Du gehörst zu uns«, wischt eine Rabbinersfrau meinen Dank dafür vom Tisch, dass ich als »Nachkomme Amaleks« so liebevoll bei ihnen aufgenommen werde. Als kleines Mädchen war sie an der Schweizer Grenze von deutschen Hunden gejagt worden. Ihr Mann hält meinen »Ariernachweis« für alles andere als astrein.

Aber mir geht es nicht um eine Abstammungslehre, sondern um den Gott Israels. Gewiss, es wäre ein Wunder, wenn meine jüdische Abstammung durch die Wirren der Geschichte verschüttet worden wäre und der Gott Abrahams, Isaaks und Jakobs trotzdem an seiner Erwählung festhält. Aber wäre es nicht ein noch viel größeres

Wunder, wenn der himmlische Vater Israels es schaffen sollte, einen »Nachkommen Amaleks« so zu verändern, dass Juden heute feststellen: »Du gehörst zu uns!«?

Wir kommen ins Nachdenken. Und dann entdecken wir, dass der babylonische Talmud (Traktat Sanhedrin 96b) schon vor über tausend Jahren davon sprach, dass »die Nachkommen Hamans in Bnei Brak die Tora studieren werden«. Gegen allen Protest der Engel, so wissen die Rabbinen zu erzählen, habe »der Heilige, gelobt sei er, einen Weg gefunden, um selbst die Nachkommen dieses bösen Mannes unter die Flügel der Schechina zu führen«.

Am Vorabend des Holocaustgedenktages bekomme ich von der Klassenlehrerin unseres ältesten Sohnes einen Anruf. Sie soll am nächsten Morgen ihren Erstklässlern erzählen, was die Deutschen ihrem Volk vor einem halben Jahrhundert angetan haben. Aber da sitzt ein junger Deutscher unter ihren Schülern, ein Junge, den sie sehr mag. »Wie werdet ihr mit dieser Vergangenheit fertig?«, fragt sie mich hilflos.

Ich muss ihr gestehen, dass ich damit nicht fertig bin und auch nicht weiß, wie ich damit fertig werden soll. Trotzdem habe ich die Freiheit, der Vergangenheit meines Volkes ins Gesicht zu sehen und meine Kinder mit unter diese Last zu nehmen. Warum? Weil vor 2000 Jahren ein jüdischer »Rabbi« nicht nur mit meiner persönlichen Schuld, sondern auch mit der Schuld Amaleks fertig geworden ist.

Hätte ich ausweichen können, wäre ich niemals zu diesem Schluss gekommen. Hätte ich einen Schlussstrich unter die so vielen leidigen Repetitionen der jüngeren Geschichte Deutschlands ziehen können, hätte das Licht der Vergebung niemals aufleuchten können. Wir müssen in die Sackgasse der Holocaustfrage bis zum bitteren Ende mit hineingehen, die Ausweglosigkeit dieser im jüdischen Volk bis heute so lebendigen Erfahrung mit erleiden. Jedes vorschnelle »Ja aber«, jede theologische Erklärung der Schuld der Christenheit, macht die Gnade billig.

Da wird plötzlich klar, wie weit unsere Kollektivschulddiskussionen von der Einstellung eines Mose, eines Jeremia, eines Paulus und eines Jesus entfernt sind. Das Herz Jeremias hatte ganz offensichtlich keinen Teil an der Gottvergessenheit seines Volkes. Trotzdem kann er sich nicht kühl davon distanzieren. In keiner Weise rechtfertigt sich der Prophet selbst, sondern bekennt vor seinem Gott: »Ach, Herr, wenn *unsre* Sünden *uns* verklagen, so hilf doch um deines Namens willen! Denn *unser* Ungehorsam ist groß, womit *wir* wider dich gesündigt haben« (Jeremia 14,7).

3. Festhalten am Wort

Denn es ist nicht ein leeres Wort an euch, sondern es ist euer Leben, und durch dies Wort werdet ihr lange leben in dem Lande, in das ihr zieht über den Jordan, um es einzunehmen (5. Mose 32,47).

Einer der Hauptvorwürfe des bereits erwähnten Rabbi Mosche ben Maimon (»Rambam«) gegenüber dem Christentum ist, dass es »die Tora verändert und den Großteil der Welt verführt hat, einem Gott zu dienen, der nicht der Herr ist«.[135] Jesus selbst hat sich ausdrücklich

[135] Hilchot Melachim U'Milchamoteihem 11,4.

dagegen verwahrt, gekommen zu sein, »die Tora oder die Propheten aufzulösen«. Er ermahnte seine Jünger: »Wer nun eines von diesen kleinsten Geboten auflöst und lehrt die Leute so, der wird der Kleinste heißen im Himmelreich; wer es aber tut und lehrt, der wird groß heißen im Himmelreich« (Matthäus 5,17.20).

Der frühchristliche Barnabasbrief, der zwischen den Jahren 130 und 132 n.Chr. geschrieben wurde, grenzt sich in scharfer Weise vom Judentum ab. Paulus hatte noch erklärt, dass Israel »die Bundesschlüsse« gehören (Römer 9,4). Der Schreiber des Barnabasbriefes dagegen bezeichnet es als Sünde, zu sagen: »Der Bund jener ist auch der unsrige«. Er erklärt, dass der Bund zwar »uns gehört; aber jene haben ihn für immer eingebüßt« (Barnabas 4,6.7).

Klaus Wengst erklärt im zweiten Teil seiner Ausgabe der »Schriften des Urchristentums«[136]: »Die Abgrenzung gegenüber ›Israel‹ bezieht sich ausschließlich auf das Verständnis der Schrift; der Verfasser spricht dem Judentum jegliches Recht der Berufung auf sie ab. Dabei dient ihm das jüdische Verständnis lediglich als dunkle Folie, von der er seine eigene Schriftauslegung abhebt.«

Leider hat »Barnabas« einen großen Einfluss auf die frühchristlichen Apologeten und auf die Kirchenväter wie Justinus Martyr, Irenäus, Clemens von Alexandrien, Tertullian und Origines ausgeübt.[137] Die christliche Kirche hat

[136] Didache (Apostellehre), Barnabasbrief, Zweiter Klemensbrief, Schrift an Diognet, Schriften des Urchristentums, zweiter Teil (Darmstadt: Wissenschaftliche Buchgesellschaft, 1984), 112.

[137] Wolfram Liebster, »Holocaust und Tradition der Kirche«, in »Wie gut sind deine Zelte, Jaakow ...«, Festschrift zum 60. Geburtstag von Reinhold Mayer, herausgegeben von E. L. Ehrlich u. a. (Gerlingen: Bleicher, 1986), 178.

sich im Lauf der Jahrhunderte weitgehend dieser Ansicht angeschlossen, im klaren Gegensatz zur Aussage des Paulus, dass dem jüdischen Volk »die Gesetzgebung« gehört (Römer 9,4).

Wenn wir Israel »zur Eifersucht reizen« wollen, müssen wir uns zuallererst selbst eingestehen, dass wir, die heidenchristliche Gemeinde Jesu, beim Lesen der Bibel eine »Decke« über dem Verstand hatten (Jesaja 25,7). Wir haben die Schrift verdreht. Wir müssen unsere eigene Theologie, alteingesessene »biblische Einsichten«, kirchliche Dogmatik und Bekenntnisse, unseren Umgang mit dem Wort Gottes hinterfragen lassen. Dabei geht es nicht um eine »Kontextualisierung des Evangeliums« für das jüdische Volk, nicht um eine Anpassung der »christlichen Botschaft« an die jüdische Kultur, sondern um unsere eigene Wahrhaftigkeit. ***Wir*** müssen umkehren und das uralte Wort Gottes neu entdecken – ***für uns selbst***!

Ein erster Schritt dahin ist, dass wir dem »Alten Testament« wieder den Stellenwert einräumen, den es im »Neuen Testament« hat. Im Neuen Testament wird vom Alten Testament her argumentiert, nicht umgekehrt. Das Neue Testament ist tatsächlich nichts anderes, wie Martin Luther festgestellt hat, »denn eine öffentliche Predigt und Verkündigung der Sprüche, im Alten Testament gesetzt und durch Christum erfüllt«.[138] Und wenn im Neuen Testament von »der Schrift« die Rede ist, dann ist damit das hebräische »Alte Testament« gemeint, »die Tora, die Pro-

[138] Weimarer Ausgabe der Deutschen Bibel 8,10.

pheten und die Schriften«, im Hebräischen abgekürzt der »Tenach«.[139]

Jesus sagte vom »Tenach«: »Er ist's, der von mir zeugt!«[140] und »kann doch nicht gebrochen werden« (Johannes 10,35). Seinen Jüngern legte er den ganzen »Tenach« aus, »angefangen bei Mose und allen Propheten« (Lukas 24,27), und »öffnete ihnen das Verständnis, so dass sie den ›Tenach‹ verstanden« (Lukas 24,45). Den Sadduzäern, die die Auferstehung von den Toten leugneten, warf er vor, dass sie »weder den ›Tenach‹ kennen, noch die Kraft Gottes«.[141]

Die Apostel bewiesen ihre Lehre aus dem »Tenach« und die Gemeinde in Beröa »forschte täglich im ›Tenach‹, ob sich's so verhielte«.[142] Seinem Schüler Timotheus erklärt Paulus, dass »der ganze ›Tenach‹ von Gott eingegeben« ist, »nütze zur Lehre, zur Zurechtweisung, zur Besserung, zur Erziehung in der Gerechtigkeit« (2. Timotheus 3,16). Und Petrus schreibt: »Das sollt ihr vor allem wissen, dass keine Weissagung im ›Tenach‹ eine Sache eigener Auslegung ist, ... sondern getrieben von dem Heiligen Geist haben Menschen im Namen Gottes geredet« (2. Petrus 1,20-21).

Praktisch bedeutet das, dass wir alle Aussagen der »Schrift« ernst nehmen. Der Apostel Petrus ist davon ausgegangen, dass der Herr Jesus solange in den Himmel auf-

---

[139] Das Akronym »tenakh« ist zusammengesetzt aus den ersten Buchstaben der Worte »torah« (fünf Bücher Mose), »nevi'im« (»Propheten«) und »ketuvim« (»Geschriebene«), die drei Teile des hebräischen Kanons des Alten Testaments.

[140] Johannes 5,39; vergleiche auch Lukas 24,44.

[141] Matthäus 22,29; Markus 12,24.

[142] Vergleiche dazu Apostelgeschichte 1,16; 8,35; 17,2.11; 18,24.28.

genommen wurde, »bis zu der Zeit, in der alles wiedergebracht wird, wovon Gott geredet hat durch den Mund seiner heiligen Propheten von Anbeginn« (Apostelgeschichte 3,21).

Aus der Sicht frommer Juden ist es etwas Unglaubliches, dass Heiden das Wort ihres Gottes so ernst nehmen, dass sie die Rückkehr des jüdischen Volkes in sein Land als Erfüllung des prophetischen Wortes sehen. Spätestens seit der Rückkehr von mehr als einer Million Juden aus der ehemaligen Sowjetunion, dem »Land des Nordens«, spricht man in Israel nicht mehr nur von dem Herrn, »der die Israeliten aus Ägyptenland geführt hat«, sondern von dem Gott, »der die Israeliten geführt hat aus dem Lande des Nordens« – genau wie der Prophet Jeremia es vorausgesagt hat.[143]

Besonders der Prophet Jesaja spricht davon, dass Nichtjuden eine entscheidende Rolle bei der Rückkehr Israels und dem Aufbau des verheißenen Landes spielen werden.[144] Ist es Zufall, dass der Apostel Paulus für seine Argumentation so viele Stellen aus dem Propheten Jesaja heranzieht? Hat er sie aus dem Zusammenhang gerissen, für seine Zwecke »missbraucht«, oder will er damit etwas andeuten, im Blick auf den Auftrag der Heidenvölker an Israel?

Ist es Zufall, dass Jesaja davon redet, dass Heiden »deine Söhne in den Armen herbringen und deine Töchter auf der Schulter hertragen«? Der Prophet fährt fort vorauszusagen, dass »Könige deine Pfleger und ihre Fürstinnen deine

---

143 Jeremia 16,14-15; 23,7-8.

144 Vergleiche zum Beispiel Jesaja 11,10-12; 14,1-2; 49,22-23; 60,3.8-12; 61,5.

Ammen« sein sollen. Deuten Jesaja und Paulus hier einen Zusammenhang an, mit dem »auserwählten Geschlecht«, der »königlichen Priesterschaft«, von denen der Apostel Petrus spricht?[145] Vielleicht besteht wirklich eine Verbindung zu den »Freudenboten«, die zu Zion sagen: »Dein Gott ist König!«? Denn wenn diese Könige und ihre Fürstinnen »vor dir niederfallen zur Erde aufs Angesicht und deiner Füße Staub lecken«, erklärte Jesaja, »dann wirst du erfahren, dass ich der Herr bin, an dem nicht zuschanden werden, die auf mich harren« (Jesaja 49,22-23).

In den Bergen Judäas und Samarias wohnen heute wieder Glieder des Volkes Israel, weltweit verschrien als »extremistische jüdische Siedler«. Viele dieser meist bibelgläubigen Juden tragen das Trauma von zweitausend Jahren jüdisch-christlicher Geschichte mit sich herum.

»Weißt du, was wir unseren Kindern über Christen lehren?«, fragte mich einmal ein junger Vater. »Die Kreuzfahrer, die Inquisitoren und Hitler, das waren Christen.« Auf diesem Hintergrund ist es eher verwunderlich, dass diese Juden heute den Einsatz und die Hilfe von Christen aus aller Welt beim Aufbau ihres Landes annehmen. Nach zweitausend Jahren Kirchengeschichte ist es für viele Juden nicht auszuhalten, wenn »zehn Männer aus allen Sprachen der Heiden einen jüdischen Mann beim Zipfel seines Gewandes ergreifen und sagen: Wir wollen mit euch gehen, denn wir hören, dass Gott mit euch ist« (Sacharja 8,23).

»Ja, ihr Goyim (Nichtjuden, Heiden) spielt eine Rolle beim Aufbau des Landes Israel«, erklärte mir eine junge Jüdin aus der Siedlung Ateret nördlich von Ramallah im

[145] 1. Petrus 2,9; vergleiche auch Offenbarung 1,6.

Gebirge Samaria. »Wir beten es jeden Morgen: ›Wenn der Herr die Gefangenen Zions erlösen wird, so werden wir sein wie die Träumenden. Dann wird unser Mund voll Lachens und unsre Zunge voll Rühmens sein‹«, zitiert sie die ersten Verse des Psalms 126 auswendig. »Dann«, erklärt sie den Text, »wird man zuerst unter den Heiden sagen: ›Der Herr hat Großes an ihnen getan!‹ Erst danach wird uns Juden klar: ›Der Herr hat Großes an uns getan; des sind wir fröhlich!‹«

Wenn Nichtjuden das Wort des Gottes Israels ernst nehmen, ist das eine große Herausforderung für das jüdische Volk. Wenn Heiden erkannt haben, dass sich die Worte der alten Propheten erfüllen, »Du sollst wiederum Weinberge pflanzen an den Bergen Samarias« (Jeremia 31,5), dann hören orthodoxe Juden, die einen Großteil des »Tenach« auswendig können, unwillkürlich die Fortsetzung: »Denn es wird die Zeit kommen, dass die ›notzrim‹, die Wächter, auf dem Gebirge Ephraim rufen: Wohlauf, lasst uns hinaufziehen nach Zion, zum Herrn, unserm Gott!« (Jeremia 31,6). An dieser Stelle erscheint das Wort »notzrim« das einzige Mal in dieser Form im »Tenach«. Es ist das heute gebräuchliche hebräische Wort für »Christen«.

4. Der barmherzige Samariter

Zion muss durch Gericht erlöst werden und, die zu ihr zurückkehren, durch Gerechtigkeit (Jesaja 1,27).

»Gericht« hat das jüdische Volk wie kein anderes in den vergangenen zwei Jahrtausenden erlebt. Keine einzige der biblischen Gerichtsprophetien blieb unerfüllt und den Juden erspart. Jetzt kehrt dieses Volk in sein von Gott verheißenes Land zurück, und der Prophet Jesaja weiß: Die »shavei zion«, die Rückkehrer nach Zion, werden durch »zedakah«, durch Gerechtigkeit, erlöst werden.

»Zedakah« ist die Gerechtigkeit, die ausgleicht. »Alle Täler sollen erhöht werden, und alle Berge und Hügel sollen erniedrigt werden, und was uneben ist, soll gerade, und was hügelig ist, soll eben werden«, ruft die Stimme des Wegbereiters des Messias (Jesaja 40,4). Zu den »trotzigen Herzen« in Israel, die »ferne sind von der Gerechtigkeit«, sagt der eine lebendige Gott: »Ich habe meine Gerechtigkeit nahe gebracht; sie ist nicht ferne, und mein Heil säumt nicht. Ich will zu Zion das Heil geben und in Israel meine Herrlichkeit« (Jesaja 46,12-13).

Echte »zedakah« im zwischenmenschlichen Bereich illustriert Jesus im Gleichnis vom barmherzigen Samariter (Lukas 10,25-37). Ein Frommer hatte ihm die rhetorische Frage gestellt: »Meister, was muss ich tun, dass ich das ewige Leben ererbe?« Der bibelkundige Mann wusste genau, dass dazu das Doppelgebot der Liebe gegenüber Gott und dem Nächsten konkret in seinem Leben Gestalt gewinnen müsste. Trotzdem versucht er sich Jesus gegenüber zu rechtfertigen: »Wer ist denn mein Nächster?«

»Der die Barmherzigkeit, die ›zedakah‹, an ihm tat«, ist der Nächste, erklärt der jüdische Schriftgelehrte am Ende der Geschichte, die Jesus erzählt. Ganz eigenartig vertauscht Jesus die Rollen mit seiner letzten Frage: »Wer von diesen dreien, meinst du, ist der Nächste gewesen dem, der unter die Räuber gefallen war?« Nicht der Verletzte ist »der Nächste«, sondern der Helfer ist der, der geliebt werden soll.

Wer waren die Samariter? – Nach der Zerstörung des Nordreichs Israel im Jahre 722 vor Christus ließ »der König von Assyrien Leute von Babel kommen, von Kuta von Awa, von Hamat und Sefarwajim, und ließ sie wohnen in den Städten von Samarien an Israels Statt« (2. Könige 17,24). Aus diesen Siedlern entwickelte sich der Volksstamm der Samariter. Die christliche Kirche träumte jahrhundertelang davon, Israel zu ersetzen. Von den Samaritern konstatiert die Bibel, dass sie »an Israels Statt« in den Städten von Samarien wohnten.

Die Samariter, deren Nachkommen bis heute in Samarien und im israelischen Holon als »Samaritaner« leben, wurden nach ihrer Abstammung im Hebräischen auch »kutim« genannt. Sie fürchteten »den Herrn und dienten zugleich ihren Götzen« (2. Könige 17,41) – eine Kunst, die die Christenheit im Laufe der Kirchengeschichte perfektioniert hat. Jesus versucht der Samariterin am Jakobsbrunnen klarzumachen: »Ihr wisst nicht, was ihr anbetet; wir aber wissen, was wir anbeten«. Die Begründung dafür lenkt den Blick der Frau auf die Wurzeln ihrer Gottesfurcht: »denn das Heil kommt von den Juden« (Johannes 4,22).

Die Nachkommen der »kutim« waren bekannt für ihre Judenfeindlichkeit. Jesus selbst musste erfahren, dass ein Dorf der Samariter ihn nicht aufnahm, »weil er sein Angesicht gewandt hatte, nach Jerusalem zu wandern« (Lukas 9,53). Die Feindschaft zwischen Juden und Samaritern hatte Tradition. Schon der jüdische Gelehrte Jesus Sirach ließ sich im zweiten Jahrhundert vor Christus zu der Aussage hinreißen: »Zwei Völker sind mir zuwider, das dritte aber ist für mich überhaupt kein Volk: das Volk, das auf dem Gebirge Seir wohnt, die Philister und die törichten

Leute von Sichem« (Sirach 50,27-28). »Die törichten Leute von Sichem« sind die Samaritaner, die bis heute ihr geistliches Zentrum auf dem Berg Garizim bei der arabischen Stadt Nablus, dem biblischen Sichem, haben. In den Augen des Juden Yeshua ben Sira waren sie ein »Nicht-Volk«.

Trotz alledem scheinen die Samariter eine besondere Beziehung zu Jesus gehabt zu haben. Der einzige von zehn geheilten Aussätzigen, »der wieder umkehrte, um Gott die Ehre zu geben«, war zum großen Erstaunen Jesu ein Samariter (Lukas 17,16.18). Die Samariterin, der Jesus am Jakobsbrunnen bei Sychar begegnet, ist eine der Ersten, die die Vermutung öffentlich ausspricht, »ob er nicht der Christus sei« (Johannes 4,29). Viele Samariter glaubten aufgrund des Zeugnisses dieser Frau »und noch viel mehr glaubten um seines Wortes willen und sprachen zu der Frau: Von nun an glauben wir nicht mehr um deiner Rede willen; denn wir haben selber gehört und erkannt: Dieser ist wahrlich der Welt Heiland!« (Johannes 4,41-42).

Nach der Auferstehung und Himmelfahrt Jesu und nach Pfingsten kam der Evangelist Philippus »in die Hauptstadt Samariens und predigte ihnen von Christus. Und das Volk neigte einmütig dem zu, was Philippus sagte, als sie ihm zuhörten und die Zeichen sahen, die er tat« (Apostelgeschichte 8,5-6). Die Samariter waren in einzigartiger Weise für das Evangelium von Jesus Christus offen.

So ein Samariter – auch der Gesprächspartner Jesu scheint die Bezeichnung zu vermeiden – erbarmt sich nun über den offensichtlich jüdischen Mann, der auf dem Weg von Jerusalem nach Jericho unter die Räuber gefallen war. Jüdische Würdenträger waren eilig vorüber gegangen. Sie mussten um ihre kultische Reinheit fürchten, ohne die ein Tempeldienst unmöglich gewesen wäre. Der verachtete Fremde aus dem »Nicht-Volk« nimmt sich des Verletzten an, verbindet ihn, bringt ihn in eine Herberge und pflegt ihn. Dann investiert er sogar noch in die Zukunft des Juden und übernimmt dem Wirt gegenüber die Verpflichtung: »Pflege ihn; und wenn du mehr ausgibst, will ich dir's bezahlen, wenn ich wiederkomme« (Lukas 10,35).

Das alles tut der Samariter ohne Schuldgeschichte gegenüber dem jüdischen Volk und ohne das Gefühl, er müsse etwas »wieder gutmachen«. Jesus redet auch nicht davon, dass der Samariter den überfallenen Juden belehrt oder auch nur darüber aufgeklärt habe, was der Grund seines Liebesdienstes war. Der Text berichtet nichts über einen missionarischen Eifer des Mannes oder dass dieser berechnend investiert habe, damit der Überfallene sich eines Tages zum Glauben des Wohltäters bekehre. Da ist nur Liebe, Wohltätigkeit, Barmherzigkeit – »zedakah« – eine Gerechtigkeit, die besser war als die des Priesters und des Leviten, eine Gerechtigkeit, die besser war als die der Schriftgelehrten und Pharisäer.

VIII. Kapitel

»Ein Geist der Betäubung«

Erweckung der Heidenvölker durch Israels Fall (Römer 10,20–11,11)

Es gibt nur einen Weg zum Heil. In dieser Frage gibt es keinen Unterschied zwischen Juden und Nichtjuden. Einzig »wer den Namen des Herrn anrufen wird, soll gerettet werden«. Das ist die Grundaussage von Römer 10,1-13.

Im zweiten Teil des Kapitels zeigt Paulus, wie Gott sich um sein Volk müht: Er sendet Botschafter, die an Israel ausrichten: »Dein Gott ist König!« Aber obwohl das jüdische Volk bereits gehört hat, ist es nicht zum rettenden Glauben gekommen. Deshalb beruft sich Gott ein »Nicht-Volk«, »ein unverständiges Volk« aus den nichtjüdischen Nationen, um Israel zur Eifersucht zu reizen.

Doch all diesen Anstrengungen zum Trotz lehnt das jüdische Volk bis zum heutigen Tag seinen Messias ab. Der Prophet Jesaja hat dies vorausgesehen. Angesichts der Bemühungen Gottes um sein Volk wagt Jesaja zu sagen:

»Ich ließ mich finden von denen, die mich nicht suchten, und erschien denen, die nicht nach mir fragten.«

Im Blick auf Israel aber spricht er:

»Den ganzen Tag habe ich meine Hände ausgestreckt nach dem Volk, das sich nichts sagen lässt und widerspricht« (Römer 10,20-21).

Der Gegensatz könnte nicht größer sein, nicht schärfer formuliert werden. Einerseits ist da ein Volk, »das meinen Namen nicht anrief«, nicht anrufen konnte, und deshalb – auf dem Hintergrund von Römer 10,13 – gar keine Chance hatte, gerettet zu werden. Die Heiden zeigten keinerlei Interesse am lebendigen Gott (Römer 9,30). Doch ausgerechnet von diesem »Nicht-Volk« lässt Gott sich finden. Er stellt sich ihnen vor: »Hier bin ich!« (Jesaja 65,1).

Andererseits ist da das auserwählte Volk Israel. Die hebräische Bezeichnung »am«, beziehungsweise das griechische »laos« (Volk), unterstreichen die besondere Beziehung dieser Menschen zu Gott. Im Gegensatz dazu stehen die Begriffe »goy« im Hebräischen und »ethnos« im Griechischen, die ein »Heidenvolk« ohne jede Gottesbeziehung bezeichnen.[146]

Jahrhundertelang hatte der Schöpfer sich seinem Volk (am/laos) offenbart, eine Beziehung mit diesen Menschen aufgebaut, ihnen sein Wort anvertraut. Gott hat Israel unablässig die Hände entgegengestreckt, es bittend eingeladen, in seine Arme zu kommen. Doch das auserwählte Volk ist widerspenstig und verfolgt »nach seinen eigenen Gedanken einen Weg, der nicht gut ist«. Es kränkt seinen Gott beständig ins Angesicht und lässt sich nichts sagen (Jesaja 65,2-3). Die Treue der göttlichen Liebe steht im krassen Kontrast zu der Untreue des Volkes Israel.

Deshalb ist die Frage zwingend:

Hat Gott dann etwa sein Volk verstoßen?
(Römer 11,1a).

[146] Zum Beispiel in Lukas 2,30-32; Apostelgeschichte 4,25.27; 26,17; Römer 15,10.11 stehen die Begriffe »am«/»laos« und »goy«/»ethnos« einander gegenüber.

Ist Gott mit seinem auserwählten Bundesvolk (laos) am Ende? Die logische Antwort wäre: Ja natürlich! Denn der Textzusammenhang zeigt, dass der Apostel nicht nur den auserwählten Überrest des jüdischen Volkes im Blick hat, sondern »ganz Israel«. Die Frage nach der Verwerfung hat nicht nur die an Jesus gläubigen »messianischen Juden« im Blick, sondern alle Menschen, die um ihre Zugehörigkeit zum jüdischen Volk wissen, ganz unabhängig davon, ob sie diese bejahen oder ablehnen.

Nur wenn wir diese Spannung aushalten, können wir den Gedankengang des Paulus verstehen. Gott hat *alles* getan, um Israel zu erlösen. Aber das Volk hat den Messias abgelehnt und lehnt ihn bis heute ab. Deshalb wäre die Schlussfolgerung eigentlich unumgänglich: Gott hat sein Volk verstoßen! Doch der Apostel Paulus formulierte die Frage im Griechischen schon so, dass eine negative Antwort erwartet wird. Engagiert wirft er seinen Lesern entgegen:

Das sei ferne! (Römer 11,1b).

Den Beweis dafür, dass Gott sein auserwähltes Volk Israel nicht verstoßen hat, führt Paulus in drei Schritten.

1. »Auch ich bin ein Israelit«

Denn auch ich bin ein Israelit, vom Geschlecht Abrahams, aus dem Stamm Benjamin (Römer 11,1c).

Nicht nur hier betont Paulus seine Verwurzelung im jüdischen Volk. In Cäsarea erklärt er dem Urenkel des alten,

»großen« Herodes, König Agrippa II., und dem römischen Statthalter Porzius Festus, wie er »nach der allerstrengsten Richtung unsres Glaubens« sein Leben »als Pharisäer« geführt hat (Apostelgeschichte 26,4-5). Er war stolz darauf, »am achten Tag beschnitten« zu sein, »aus dem Volk Israel, vom Stamm Benjamin« abzustammen, als »Hebräer von Hebräern« zu gelten.[147]

Jüdischer geht es nicht mehr. Paulus ist ein Teil Israels. Das kann niemand leugnen. Er ist Jude, nicht weil er vielleicht irgendwann einmal konvertiert wäre oder unermüdlich studiert hätte. Er kann seine Abstammung nachweisen. Dennoch bekennt sich Sha'ul aus Tarsus zu Yeshua als seinem Messias. Trotzdem hat er die Rettung ergriffen, die ihm vom himmlischen Vater allein aus Gnaden angeboten worden war.

Dass Paulus seine Abstammung über den Stamm Benjamin auf Abraham zurückführt, unterstreicht die Treue Gottes. Benjamin war der jüngste Sohn Jakobs. Bei seiner Geburt starb seine Mutter Rachel, die Lieblingsfrau seines Vaters. Rachel hätte ihn noch »Ben-Oni«, »Sohn der Erniedrigung«, »Sohn des Elends«, »Sohn des Unglücks« genannt. Aber der Vater bestand darauf, ihn »Sohn des Glücks« (Ben-Yamin) zu nennen (1. Mose 35,16-20). Später bezeichnete er ihn als »reißenden Wolf« (1. Mose 49,27).

Wegen eines Verbrechens wird der Stamm Benjamin in der Richterzeit fast vollständig ausgerottet (Richter 19-21). Dieser Stamm hatte keinen guten Ruf. Deshalb nennt ihn der Benjaminiter und spätere König Saul »einen der

[147] Philipper 3,5; vergleiche auch 2. Korinther 11,22 und 2. Timotheus 1,3.

kleinsten Stämme Israels« (1. Samuel 9,21). Nach dem Tod des ersten Königs Israels kam es zum Machtkampf zwischen dem »Haus Sauls« und dem »Haus Davids«. Wann immer die Macht Davids in Frage gestellt war, waren es Benjaminiter, die die Gunst der Stunde nutzten, um David zu schmähen, oder versuchten gar selbst, die Macht an sich zu reißen (2. Samuel 16,5-13; 20). Vielleicht hat der Stamm Benjamin nur aufgrund des Versprechens, das David seinem Freund Jonathan gegeben hatte,[148] überlebt. Ein »Benjaminiter« zu sein, war kein Ruhmesblatt.

Ohne weitere Erklärung wendet der Apostel hier eine alte rabbinische Auslegungsregel an. Er argumentiert »kal vachomer«, vom »Leichten zum Schweren«. Paulus schließt »a minori ad maius«, vom »Kleinen auf das Große«. Rabbi Hillel der Ältere, der zur Zeit der Geburt Jesu das Amt des »nasi« (Fürsten) im Tempel in Jerusalem inne hatte, hat die Regel »kal vachomer« als erste von sieben hermeneutischen Regeln genannt.[149]

Rabbinische Lehrer haben mit dieser Regel viele Schlüsse gezogen. So soll zum Beispiel einmal die Königin Kleopatra zu Rabbi Meir gesagt haben: »Ich weiß, dass die Toten auferstehen werden, denn es heißt (Psalm 72,16): *sie werden aus der Stadt hervorblühen wie die Pflanzen aus der Erde*; werden sie aber nackt auferstehen oder mit den Gewändern? Er erwiderte ihr: Dies ist [nach der Regel] »kal vachomer« [vom Offensichtlichen auf das Schwere], von einem Weizenkorn, zu folgern: wenn ein Weizen-

---

148 1. Samuel 18,1-4; 20,1-23.35-42; 2. Samuel 9.

149 Siehe dazu »Die sieben Regeln Hillels« in Günter Stemberger, Einleitung in Talmud und Midrasch (München: Verlag C. H. Beck, 8. neu bearbeitete Auflage, 1992), 27-30.

korn, das nackt begraben wird, in viele Gewänder gehüllt hervorkommt, um wie viel mehr die Frommen, die in ihren Gewändern begraben werden« (Traktat Sanhedrin 90b).

Ähnlich schließt der Apostel Paulus hier in unserem Text: Wenn ich, »ein Israelit, vom Geschlecht Abrahams, aus dem Stamm Benjamin«, nicht verworfen wurde, um wie viel mehr muss es dann für ganz Israel stimmen:

Gott hat sein Volk nicht verstoßen ...
(Römer 11,2a).

Was von ***einem*** solchen Israeliten gilt, das gilt vom Volk Gottes überhaupt.[150] Wenige Verse später macht der Apostel dieselbe Aussage noch einmal mit anderen Worten. Er gebraucht ein altes Bild: »Ist die Erstlingsgabe vom Teig heilig, so ist auch der ganze Teig heilig« (Römer 11,16).

Gott hatte dem Abraham verheißen: »Dir und deinem Geschlecht nach dir will ich das Land geben, darin du ein Fremdling bist« (1. Mose 17,8; 13,15-16). Paulus erinnert hier an ein Gebot, das mit der Erfüllung der Landverheißung verbunden war: »Wenn ihr in das Land kommt, in das ich euch bringen werde, und ihr esst von dem Brot des Landes, so sollt ihr dem Herrn eine Opfergabe darbringen: Als Erstling eures Teigs sollt ihr einen Kuchen (chalah) als Opfergabe darbringen. Wie die Opfergabe von der Tenne, so sollt ihr auch dem Herrn den Erstling eures Teigs geben für alle Zeit« (4. Mose 15,18-21). Wenn der Apostel Paulus also von sich auf ganz Israel schließt, wendet er nicht nur eine alte rabbinische Regel an. Er bedient sich

---

[150] Philippi, 503.

vielmehr eines Prinzips, das seine Wurzeln in der Heiligen Schrift hat.

Dieses biblische Prinzip ist bis heute im jüdischen Brauchtum lebendig geblieben. Für die Feier des Sabbat braucht man in jedem jüdischen Haushalt zwei »Brotkuchen«, wenn möglich aus feinem Weizenmehl. Diese »Sabbat-Brote« werden »chalot« (Einzahl: »chalah«) genannt, im Jiddischen »Barches«, »Tatscher« oder auch »Strietzel«. Manche Familien backen ihre »chalot« auch heute noch selbst. Wenn der Teig geknetet wird, nimmt der Bäcker ein Stückchen davon und spricht dabei den Segensspruch: »Gelobt seist du, Ewiger, unser Gott, König der Welt, der uns mit seinen Geboten geheiligt und der uns geboten hat, die Hebe abzunehmen.« Dieses abgesonderte Stück Teig heiligt den gesamten Teig. Früher wurde es im Tempel den Priestern geopfert. Heute wird dieser »Erstling des Brotes« mit Feuer verbrannt.[151]

Wenn Gott für diesen Rabbi Sha'ul aus Tarsus, diesen Israeliten »vom Geschlecht Abrahams, aus dem Stamm Benjamin«, »die Erstlingsgabe vom Teig« noch eine Zukunft hat, wie viel mehr dann für den »ganzen Teig«, das ganze jüdische Volk,

... das er zuvor erkannt hat (Römer 11,2a).

Gott hat sein Volk »zuvor erkannt«. Das bedeutet, dass der Schöpfer etwas geplant hat, das erst »am Ende der Zei-

[151] Vergleiche zu den jüdischen Traditionen Leo Hirsch, Jüdische Glaubenswelt (Basel: Victor Goldschmidt, 5. Auflage 1982), 86, und S. Ph. De Vries Mzn., Jüdische Riten und Symbole (Wiesbaden: Fourier, 3. Auflage 1984), 57.

ten« offenbart werden wird (vergleiche 1. Petrus 1,20). Mit dem »Erkennen« ist die innige Verbindung angedeutet, die zum ersten Mal in der Heiligen Schrift in 1. Mose 4,1 berührt wird: »Und Adam erkannte sein Weib Eva«. Aus allen Völkern der Erde hat der Schöpfer sich dieses eine Volk erwählt, es »vorher erkannt«, um die Verwirklichung der Erlösung mit der Geschichte Israels unauflöslich zu verbinden.

In Römer 8 finden wir in Vers 29 dieses seltene Wort »proginoskein« (»vorher« oder »zuvor erkennen«) noch einmal. Dort erklärt der Apostel: »Denn die er ***zuvor erkannt*** hat, die hat er auch vorherbestimmt, dass sie gleich sein sollten dem Bild seines Sohnes, damit dieser der Erstgeborene sei unter vielen Brüdern. Die er aber vorherbestimmt hat, die hat er auch berufen; die er aber berufen hat, die hat er auch gerecht gemacht; die er aber gerecht gemacht hat, die hat er auch verherrlicht« (Römer 8,29-30).

Frédéric Godet erklärt: »Bei allen anderen ist die Erlösung eine Frage von Einzelpersonen. Hier ist die Frage der Erlösung dagegen an die gesamte Nation gebunden. Gott hat dieses Volk vorher erkannt als Gläubige und Erlöste. Früher oder später werden sie unweigerlich beides sein.«[152] Adolf Philippi erinnert daran, dass die Väter der christlichen Kirche, von Origenes, Augustin und Chrysostomos bis Luther und Calvin diese Aussage des Apostels Paulus eingeschränkt haben. »Nur der zum messianischen Heile vorherbestimmte Theil des Gottesvolkes, das auserwählte, geistliche Israel« seien hier gemeint.[153] Doch

---

[152] Godet, 223.
[153] Philippi, 503.

der sprachlich so genau arbeitende Theologe Philippi muss seinen ansonsten hochgeschätzten Glaubensvätern entgegenhalten, dass sie in diesem Fall »offenbar gegen den Context« argumentieren, »da Vers 1 wie unser Kapitel überhaupt vom ganzen Volke handelt.«

»Die Gewähr für das ›Nicht-Verstoßen‹ liegt in dem ›Vorher Erkennen‹: Gott kann sich ja nicht ›irren‹ und seinen ursprünglichen erwählenden Willen nicht aufgeben. Wir hören zwar mit Recht in dem Begriff ›Vorhererkennen‹ vor allem das Erwählen. Aber indem dabei nun doch das Wort ›erkennen‹ verwendet wird, sagt uns der Begriff auch dies, dass es kein blindes Erwählen ist, das einer Täuschung ausgesetzt sein könnte. Gott weiß sehr genau, wen er da erwählt. Gott ›kannte‹ Israel durch und durch in seiner Halsstarrigkeit und Selbstgerechtigkeit, als er es ›vorher erkannte‹. Gott gab sich keiner Täuschung hin und kann darum auch nicht ›ent-täuscht‹ werden.«[154] Das zeigt auch der folgende Gedanke.

2. »7000 Mann, die ihre Knie nicht gebeugt haben«

Paulus bleibt nicht bei seiner eigenen Erfahrung und einer rabbinischen Schlussfolgerung stehen. Der Apostel greift in einem zweiten Beweisschritt auf das Wort Gottes zurück.

Oder wisst ihr nicht, was die Schrift sagt von Elia, wie er vor Gott tritt gegen Israel und spricht: »Herr, sie haben deine Propheten getötet und haben deine

[154] de Boor, 255.

Altäre zerbrochen, und ich bin allein übrig geblieben und sie trachten mir nach dem Leben«?* *(Römer 11,2b-3).

Dem auserwählten Volk war immer wieder vor Augen geführt worden, was es auf dem Karmel mit eigenem Munde bekannt hatte: »Der Herr ist Gott!« (1. Könige 18,39). Trotzdem wandte es sich gegen diesen einen Gott, tötete die von ihm gesandten Propheten und zerstörte die von ihm gestifteten Stätten der Anbetung.

Die heidnische Königin Isebel hatte ihren Mann Ahab und das Volk Israel zum Baalskult verführt (1. Könige 16,31-33). In panischer Angst vor ihrer Rache läuft Elia um sein Leben. Nach tagelanger Flucht in Richtung Süden findet er sich endlich unter einem Strauch in der Negev-Wüste, »wünschte sich zu sterben und sprach: Es ist genug, so nimm nun, Herr, meine Seele; ich bin nicht besser als meine Väter« (1. Könige 19,4). Der Prophet, der noch wenige Tage zuvor am nordisraelischen Fluss Kischon mehrere hundert heidnische Propheten eigenhändig hingerichtet hatte, ist am Ende seiner Kräfte (1. Könige 18,19.22.40).

Elia ist seines Lebens müde – aber Gott ist noch nicht fertig mit ihm. Ein Engel des Herrn stärkt ihn, so dass er »durch die Kraft der Speise vierzig Tage und vierzig Nächte bis zum Berg Gottes, dem Horeb«, laufen kann (1. Könige 19,8). Dort fordert ihn der Herr auf: »Geh heraus und tritt hin auf den Berg vor den Herrn!« (Vers 11). Schließlich empfängt er in »einem stillen, sanften Sausen« die göttliche Antwort. Der Prophet verhüllt sein Antlitz mit seinem Mantel, tritt vor den Eingang der Höhle und hört:

»Ich habe mir übrig gelassen siebentausend Mann, die ihre Knie nicht gebeugt haben vor dem Baal« (Römer 11,4).

Gott lässt Elia in seiner Depression nicht allein. Es gibt noch andere, die sich weder der Freizügigkeit des Zeitgeistes noch dem Machtanspruch religiöser oder ideologischer Tradition gebeugt haben. »7000 Mann« waren es zur Zeit des Elia.

Die Zahl »sieben« ist die Zahl der Vollendung, der Perfektion, des Segens, der Heiligung und Reinigung, aber auch der Verpflichtung und der Gnade. Mit der »7000« legt sich Gott auf die Qualität derer fest, die er übrig gelassen hat: Sie werden durch seine Gnade gesegnet, rein und heilig sein. Er deutet aber auch an, dass es »viele« sind, eine große Menge, eine »Vollzahl«, die allerdings verborgen bleibt und deshalb nicht genau gezählt werden kann. Entscheidend ist die Offenbarung: »Ich habe mir übrig gelassen siebentausend Mann, die ihre Knie nicht gebeugt haben vor dem Baal!«

So geht es auch jetzt zu dieser Zeit (Römer 11,5a).

Prophetisch erklärt der Apostel die Situation des Elia und Gottes Zusage an ihn als Grundmuster für seine eigene Zeit. Jesus hatte wenige Tage vor seinem Tod geklagt: »Jerusalem, Jerusalem, die du tötest die Propheten und steinigst, die zu dir gesandt!« (Matthäus 23,37). Zuvor hatte er seine Jünger gewarnt: »Siehe, ich sende euch wie Schafe mitten unter die Wölfe. Darum seid klug wie die Schlangen und ohne Falsch wie die Tauben. Hütet euch aber vor den Menschen; denn sie werden euch den

Gerichten überantworten und werden euch geißeln in ihren Synagogen. Und man wird euch vor Statthalter und Könige führen um meinetwillen« (Matthäus 10,16-18). Paulus selbst weiß zu berichten: »Von den Juden habe ich fünfmal erhalten vierzig Geißelhiebe weniger einen« (2. Korinther 11,24).

Elia steht mit seiner Erfahrung nicht allein. Im Laufe der Jahrhunderte haben Juden, die Wort und Handeln ihres Gottes ernst genommen haben und ihm gehorsam sein wollten, immer wieder das Gefühl gehabt: »Ich bin der Einzige, der so glaubt und denkt. Ich allein bin übrig geblieben, und mein Volk trachtet mir nach dem Leben!« So gilt nicht nur dem alttestamentlichen Propheten die Zusage und Ermutigung Gottes, sondern durch die Jahrhunderte hindurch allen Israeliten seit Elia bis zum heutigen Tag,

dass einige übrig geblieben sind nach der Wahl der Gnade. Ist's aber aus Gnade, so ist's nicht aus Verdienst der Werke; sonst wäre Gnade nicht Gnade (Römer 11,5b-6).

Aus Gnade, nicht aufgrund eines eigenen Verdienstes haben »7000« ihre Knie nicht vor dem »Baal« gebeugt. »Das ist Gottes Werk, dass ihr an den glaubt, den er gesandt hat«, hatte Jesus dem jüdischen Volk erklärt (Johannes 6,29) und: »Es kann niemand zu mir kommen, es sei denn, ihn ziehe der Vater, der mich gesandt hat« (Johannes 6,44). »Schaffet, dass ihr selig werdet, mit Furcht und Zittern«, ermahnt der Apostel Paulus die Gemeinde im griechischen Philippi, erinnert sie dann aber gleich wieder daran: »Denn Gott ist's, der in euch wirkt beides, das Wollen und das Vollbringen, nach seinem

Wohlgefallen« (Philipper 2,12b-13). Weder die Anerkennung einer bestimmten Theologie noch die Erfüllung bestimmter Gebote, sondern allein Gottes Erbarmen ist entscheidend.

3. »Ein Geist der Betäubung«

Wie nun? Was Israel sucht, das hat es nicht erlangt; die Auserwählten aber haben es erlangt. Die andern sind verstockt (Römer 11,7).

Die Gott auserwählt hat, haben erreicht, was Israel gesucht, aber nicht erreicht hat. Warum? Weil Gott gehandelt hat. In den folgenden Versen liegt die Betonung ausschließlich auf Gottes souveränem Handeln. Von menschlicher Verantwortung ist dabei nicht mehr die Rede. Der Gott Israels greift ein: *Er* verstockt sein auserwähltes Volk, das Volk verstockt sich nicht selbst.

Das Verb »poroo« (verhärten, verstocken) kommt von »poros«, womit im Griechischen ein marmorartiger Kalkstein bezeichnet wird. Gott macht sein Volk »hart wie Stein« und damit »gefühllos«, »unempfänglich« und »stumpf« für alles geistliche Wirken oder Reden Gottes. Selbst wenn es wollte, Israel könnte nicht reagieren, genauso wenig wie ein lebloser Stein reagieren kann,

wie geschrieben steht: »Gott hat ihnen einen Geist der Betäubung gegeben, Augen, dass sie nicht sehen, und Ohren, dass sie nicht hören, bis auf den heutigen Tag« (Römer 11,7-8).

Gott hat seinem Volk einen »pneuma katanyxeos« gegeben, einen »Geist der Betäubung«. Luther hatte ursprünglich übersetzt »einen erbitterten Geist«. Das Wort »katanyxis« kommt nur an dieser Stelle im Neuen Testament vor. Die Septuaginta, die alte jüdische Übersetzung des Alten Testaments ins Griechische, gebraucht das Wort »katanyxis« in Psalm 60,5 ebenfalls in dieser Bedeutung. Dort ist von einem »Taumelwein« oder »Wein der Betäubung« (oinon katanyxeos) die Rede. »Katanyxis« ist abgeleitet von »katanyssein«, das so viel bedeutet wie »zerstechen«, »einen heftigen Schmerz verursachen«, »peinigen« oder auch »tief betrüben«.

Dieses Verb, »katanyssein«, kommt ebenfalls nur einmal im Neuen Testament vor. Als der Apostel Petrus seine Pfingstpredigt in Jerusalem beendet hatte, wird die Reaktion seiner Zuhörer beschrieben: »Als sie aber das hörten, ging's ihnen durchs Herz« (Apostelgeschichte 2,37). Das Wirken des Heiligen Geistes »zersticht« den Hörern des Petrus das Innerste. Sie reagieren mit dem Aufschrei: »Ihr Männer, liebe Brüder, was sollen wir tun?«, worauf ihnen die Apostel raten: »Tut Buße und jeder von euch lasse sich taufen auf den Namen Jesu Christi zur Vergebung eurer Sünden, so werdet ihr empfangen die Gabe des Heiligen Geistes« (Apostelgeschichte 2,38).

Wir können aus diesem Zusammenhang zunächst einmal festhalten, dass das »Zerstechen« eine Wirkung erzielt, die letztendlich zum Heil führt. Am ersten Pfingstfest in Jerusalem wurden »hinzugefügt etwa dreitausend Menschen« (Apostelgeschichte 2,41).

Neben dem griechischen Text des Neuen Testamentes haben wir zur Erklärung des »pneuma katanyxeos« auch noch den ursprünglichen hebräischen Wortlaut aus dem

Alten Testament, wo von einem »ruach tardema« die Rede ist. Der Prophet Jesaja schreibt: »Starret hin und werdet bestürzt, seid verblendet und werdet blind! Seid trunken, doch nicht vom Wein, taumelt, doch nicht von starkem Getränk! Denn der Herr hat über euch einen Geist des tiefen Schlafs (ruach tardema) ausgegossen und eure Augen – die Propheten – zugetan, und eure Häupter – die Seher – hat er verhüllt. Darum sind euch alle Offenbarungen wie die Worte eines versiegelten Buches, das man einem gibt, der lesen kann, und spricht: Lies das doch!, und er spricht: ›Ich kann nicht, denn es ist versiegelt!‹« (Jesaja 29,9-11).

Wörtlich übersetzt ist »ruach tardema« ein »Geist des tiefen Schlafs«, ein »Geist der Betäubung«, ein »Geist der Erstarrung«. Dieses »Koma« kommt in der Bibel meistens von Gott, um ein Geschehen zu ermöglichen, das seinem Plan entspricht. So fällt »ein tiefer Schlaf vom Herrn« auf Saul und seine Männer, damit David sein Vorhaben ausführen und »den Spieß und den Wasserkrug zu Häupten Sauls« nehmen kann (1. Samuel 26,12).

An anderer Stelle lässt der Herr einen »tardema« auf Abram fallen. »Schrecken und große Finsternis« deuten die unmittelbare Gegenwart Gottes an (1. Mose 15,12), vor der kein Mensch bestehen kann. Während der Mensch in tiefster Apathie daliegt, geht »etwas Geheimnisvolles und Ehrfurchtgebietendes vor sich«. Gott beginnt zu reden und zeigt seinem »Freund«, was er mit ihm und seinen Nachkommen vorhat.[155] Während Abram zu nichts fähig

---

[155] Joseph Herman Hertz, Pentateuch und Haftoroth. Hebräischer Text und deutsche Übersetzung mit Kommentar, Band 1: Genesis (Zürich: Verlag Morascha, 1984), 23. Vergleiche dazu auch Hiob 4,13 und 33,15.

ist, fährt »eine Feuerflamme zwischen den Stücken hin«, Gott nimmt sein Opfer an und schließt einen Bund mit ihm, der bis zum heutigen Tag Gültigkeit hat: »Deinen Nachkommen will ich dies Land geben, von dem Strom Ägyptens an bis an den großen Strom Euphrat« (1. Mose 15,17.18).

Das erste Mal erscheint das Wort »tardema« in 1. Mose 2,21 in der Heiligen Schrift: »Da ließ Gott der Herr einen tiefen Schlaf fallen auf den Menschen, und er schlief ein. Und er nahm eine seiner Rippen und schloss die Stelle mit Fleisch. Und Gott der Herr baute ein Weib aus der Rippe ...«

Paulus spricht hier zunächst nur von der Tatsache der Verstockung Israels. Das jüdische Volk ist betäubt und unempfänglich für das, was sein Gott tut. »Ihre Sinne wurden verstockt«, schreibt der Rabbinerschüler Paulus an anderer Stelle, »denn bis auf den heutigen Tag bleibt diese Decke unaufgedeckt über dem Alten Testament, wenn sie es lesen, weil sie nur in Christus abgetan wird. Aber bis auf den heutigen Tag, wenn Mose gelesen wird, hängt die Decke vor ihrem Herzen« (2. Korinther 3, 14-15). Wie nahe diese Betäubung dem auserwählten Volk geht, wie tief sie ins innerste Wesen Israels trifft, zeigt das folgende Zitat aus Psalm 69,23-24:

Und David spricht: »Lass ihren Tisch zur Falle werden und zu einer Schlinge und ihnen zum Anstoß und zur Vergeltung. Ihre Augen sollen finster werden, dass sie nicht sehen, und ihren Rücken beuge allzeit« (Römer 11,9-10).

Eigentlich war sich David dessen bewusst gewesen: »Du bereitest vor mir einen Tisch im Angesicht meiner Feinde«

(Psalm 23,5). Elihu stellt seinem leidenden Freund Hiob den Segen Gottes in Aussicht: »und an deinem Tische, voll von allem Guten, wirst du Ruhe haben« (Hiob 36,16). Jeder Jude, der in einer traditionsbewussten Familie aufgewachsen ist, denkt bei diesen Worten unwillkürlich an die fröhliche Geborgenheit und familiäre Atmosphäre des gedeckten Sabbattisches am Freitagabend.[156] Jesus redet im Blick auf das Reich seines Vaters davon, dass dort seine Jünger an seinem Tisch mit ihm essen und trinken sollen (Lukas 22,30).[157]

Nun soll ausgerechnet dieser Vorgeschmack auf die ungebrochene Gemeinschaft mit dem himmlischen Vater zur »Falle«, zur »Schlinge«, zum »Anstoß«, zur »Vergeltung« werden, verbunden mit »verfinsterten Augen« und einem »gebeugten Rücken«?! David klagt im Textzusammenhang des Psalms diejenigen an, die »mir Galle zu essen und Essig zu trinken [geben] für meinen Durst« (Psalm 69,22). Prophetisch sieht der Psalmist die Qualen des Davidssohns, der ein Jahrtausend später am Kreuz auf Golgatha hängt, voraus.

Doch ganz anders als Jesus lässt der alte Wüstenkämpfer und Kriegerkönig Israels seinem Zorn freien Lauf: »Gieß deine Ungnade über sie aus, und dein grimmiger

---

[156] Philippi, 512, will den Tisch als »das Gesetz und seine Werke deuten«, wie schon Luthers Mitarbeiter Philipp Melanchton: »Mensa significat doctrinam ipsorum, in qua quaerunt consolationem.«

[157] Beachtenswert ist, dass der Tisch, der am häufigsten in der Bibel vorkommt, der »Tisch des Herrn« im Heiligtum ist: 2. Mose 25,23.27.28.30; 26,35; 30,27; 31,8; 35,13; 37,10.14.15.16; 39,36; 40,4.22.24; 3. Mose 24,6; 4. Mose 3,31; 4,7; 1. Könige 7,48; 1. Chronik 28,16; 2. Chronik 4,8.19; 13,11; 29,18; Psalm 23,5; 78,19; Hesekiel 39,20; 40,39.40.41.42.43; 41,22; 44,16; Maleachi 1,7.12; 1. Korinther 10,21; Hebräer 9,2.

Zorn ergreife sie. Ihre Wohnstatt soll verwüstet werden, und niemand wohne in ihren Zelten. Denn sie verfolgen, den du geschlagen hast, und reden gern von dem Schmerz dessen, den du hart getroffen hast. Lass sie aus einer Schuld in die andre fallen, dass sie nicht kommen zu deiner Gerechtigkeit. Tilge sie aus dem Buch des Lebens, dass sie nicht geschrieben stehen bei den Gerechten« (Psalm 69,25-29).

Die Verstockung Israels im Blick auf seinen Messias ist eine Tatsache. Aber Paulus deutet schon in seiner Wortwahl an, dass sie zum einen von Gott gewollt und verursacht ist und zum anderen einen tiefen Sinn hat, der das Heil der ganzen Schöpfung begründet.[158]

Wie bereits erwähnt, ließ Gott Adam in einen tiefen Schlaf der Bewusstlosigkeit fallen, um währenddessen die Frau zu schaffen. Erst nachdem die Frau fertig »gebaut« war, führte er sie dem Manne zu. Könnte es sein, dass es bei Israel ebenso ist? Während auf dem alten, auserwählten Volk Gottes ein »ruach tardema« liegt, geschieht ein geheimnisvolles, souveränes Handeln Gottes. Was kein Auge gesehen hat und kein Ohr gehört hat und in keines Menschen Herz gekommen ist, wird von Gott erschaffen: die Gemeinde, »eine große Schar, die niemand zählen

158 Auch Philippi, 510, beobachtet: »Ueberdies bezeichnet der hebräische Grundtext im Unterschiede von den LXX die Verstockung als einen positiven, durch des Propheten Wirksamkeit vermittelten, göttlichen Akt.« Und: »Aus [Jesaja 29,10] entnimmt [Paulus] überdies das ›pneuma katanyxeos‹ [Geist des tiefen Schlafs] statt der ›kardia tou me eidenai‹ [Herzen, die nicht sehen], was wiederum zum Beweise dient, dass sämmtliche auf denselben Gegenstand bezüglichen Aussprüche des AT seinem Geiste gegenwärtig waren und von ihm gleichsam wie eine Gesammtweissagung der Verstockung Israels behandelt wurden.«

konnte, aus allen Nationen und Stämmen und Völkern und Sprachen« (Offenbarung 7,9), »Christus in euch« (Kolosser 1,27)!

Deutet der Apostel Paulus hier im Bild schon an, was er wenige Abschnitte später unmissverständlich in Worte fasst: »Verstockung ist einem Teil Israels widerfahren, so lange bis die Fülle der Heiden zum Heil gelangt ist« (Römer 11,25)? Erst wenn die »Eva«, die »Chavah« (1. Mose 3,20), die denjenigen trägt, der »das Leben« ist (Johannes 14,6), vollkommen ist, darf Adam aufwachen und erkennen: »Das ist doch Bein von meinem Bein und Fleisch von meinem Fleisch« (1. Mose 2,23). Vor hundert Jahren schrieb der berühmte hebräische Schriftsteller Joseph Chaim Brenner, der 1921 von Arabern ermordet wurde, »Das Neue Testament ist auch Bein von unserem Bein und Fleisch von unserem Fleisch«[159] und löste dadurch in jüdischen Kreisen einen Skandal aus.

So frage ich nun: Sind sie gestrauchelt, damit sie fallen? (Römer 11,11a).

Paulus greift zurück auf den Vers 1 unseres Kapitels – »So frage ich nun«. Im Gegensatz zum Anfang von Römer 11,1, wo die Betonung auf Gottes Handeln lag – »Hat denn Gott sein Volk verstoßen?« –, liegt hier in Vers 11 der Nachdruck auf der persönlichen Verantwortlichkeit Israels: »Sind sie gestrauchelt, damit sie fallen?« Der freie Wille Israels ist nicht etwa ausgeschaltet. Aber menschliche Entscheidungsfreiheit und göttliches Handeln dienen demselben Zweck, wenngleich auf Seite der Menschen

[159] kol kitvei {Collected writings} vol. 6 (Tel Aviv, 1927), 103-104, 117.

vollkommen unwillkürlich: der Verwirklichung des Heilsplanes Gottes.

»Ist Israel gestolpert, um ewig aus der Gnade Gottes zu fallen? Ist das jüdische Volk so gefallen, dass es nie wieder aufstehen wird?« »Führt die ›Verhärtung‹ wie beim ›Pharao‹ zum Untergang?«[160] Ist die Prophetie des Propheten Amos aus Tekoa jetzt zur Wirklichkeit geworden: »Zu der Zeit werden die schönen Jungfrauen und die Jünglinge verschmachten vor Durst, die jetzt schwören bei dem Abgott Samarias und sprechen: ›So wahr dein Gott lebt, Dan!‹ und: ›So wahr dein Gott lebt, Beerscheba!‹ Sie sollen so fallen, dass sie nicht wieder aufstehen können« (Amos 8,13-14)? – Wie schon in Vers 1 zwingt die Art der Fragestellung zu einer negativen Antwort. Deshalb antwortet der Apostel auch in diesem Fall mit einem eindeutigen:

Das sei ferne! (Römer 11,11a),

um dann gleich zu erklären, was er zuvor mit dem »Geist der Betäubung« schon vorbereitet hatte:

Sondern durch ihren Fall ist den Heiden das Heil widerfahren (Römer 11,11b).

Israel *musste* fallen, dem jüdischen Volk *musste* Verhärtung widerfahren. Aber Gott sucht auch in Israels Fall nicht das Verderben. »Auch die Gerichte werden zu Mitteln für das Werk seiner Gnade.«[161] Die eigentlich untrenn-

[160] de Boor, 260.
[161] Schlatter, 180, 193.

bare Einheit zwischen dem Volk Israel und dem Messias Israels ***musste*** zerbrochen werden, damit das Heil in dem Messias Yeshua zu den Heidenvölkern kommen konnte. Nur durch den Zerbruch des Gottesknechtes, nur durch den Fall derer, die Israeliten ***sind***, konnte das Heil in Jesus Christus zu uns Nichtjuden kommen.

»Durch ihren Fall ist den Heiden das Heil widerfahren« ist nicht nur eine »steile These«, die der Apostel Paulus hier aus dem Handgelenk schüttelt. »Der Zerbruch des Gottesknechts – das Heil für die Welt« ist ein Generalthema der Heiligen Schrift, das nicht nur im Neuen Testament, sondern selbst in der rabbinischen Literatur erkennbar ist.

Der Evangelist Johannes stellt fest, wie »unnatürlich« es war, dass das jüdische Volk seinen Messias ablehnte: »Obwohl er solche Zeichen vor ihren Augen tat, glaubten sie doch nicht an ihn« (Johannes 12,37). Israel hätte ihn erkennen müssen, wären ihre Augen nicht geblendet und ihre Ohren nicht betäubt gewesen.

Wie der Apostel Paulus in Römer 10,16 greift Johannes auf Jesaja 53 zurück, um dieses Phänomen zu erklären: »damit erfüllt werde der Spruch des Propheten Jesaja, den er sagte: ›Herr, wer glaubt unserm Predigen? Und wem ist der Arm des Herrn geoffenbart?‹ (Johannes 12,38), um dann hinzuzufügen: »Darum konnten sie nicht glauben, denn Jesaja hat wiederum gesagt (Jesaja 6,9-10): ›Er hat ihre Augen verblendet und ihr Herz verstockt, damit sie nicht etwa mit den Augen sehen und mit dem Herzen verstehen und sich bekehren, und ich ihnen helfe‹« (Verse 39-40). Sie waren nicht in der Lage zu glauben, selbst wenn sie das gewollt hätten!

Johannes weiß sogar eine Begründung dafür, dass Gott seinem Volk die Bekehrung und das Heil verwehrt: »Das hat Jesaja gesagt, weil er seine Herrlichkeit sah und redete von ihm« (Johannes 12,41). Jesaja wusste um Gottes Heilsplan nicht nur für Israel, sondern auch für die Völkerwelt, durch die Verblendung des auserwählten Volkes. Der alte Prophet hat die Vision niemals aus den Augen verloren, dass letztendlich »mein Haus« »ein Bethaus heißen [wird] für alle Völker«. Denn: »Gott der Herr, der die Versprengten Israels sammelt, spricht: Ich will noch mehr zu der Zahl derer, die versammelt sind, sammeln« (Jesaja 56,7-8). Jesus fasst das in Johannes 10,16 so zusammen: »Ich habe noch andere Schafe, die sind nicht aus diesem Stall; auch sie muss ich herführen, und sie werden meine Stimme hören, und es wird eine Herde und ein Hirte werden.«

Am Anfang des ***Matthäusevangeliums*** wird uns der Davidssohn vorgestellt. Seine Abstammung von Abraham und David ist durchzogen von der Zahl 14. Matthäus bedient sich der Gematrie, einer rabbinischen Auslegungspraxis, die aus Zahlenwerten eine innere Bedeutung ableitet. »14« ist der Zahlenwert des hebräischen Namens »David«. Jesus, der Sohn Davids, des Sohnes Abrahams, ist »der Fürst, der mein Volk Israel weiden soll« (Matthäus 2,6).

Bevor er seine Jünger aussendet und ihnen die Vollmacht zur Predigt, zum Heilen und Reinigen, zur Auferweckung der Toten und zur Austreibung von Dämonen erteilt, befiehlt er ihnen: »Geht nicht den Weg zu den Heiden und zieht in keine Stadt der Samariter, sondern geht hin [ausschließlich] zu den verlorenen Schafen aus dem Hause Israel« (Matthäus 10,5-6). Jesus ist der Messias

Israels, der die Absonderung Israels von allen Heidenvölkern ernst nimmt, auch für seine eigene Existenz.

Das muss die kanaanitische Frau erfahren, die sich in der Gegend von Tyrus und Sidon an Jesus wendet. »Ach Herr, du Sohn Davids, erbarme dich meiner!«, fleht sie den Heiland an. »Meine Tochter wird von einem bösen Geist übel geplagt« (Matthäus 15,22). Doch Jesus reagiert wie alle orthodoxen Juden auf »goyische« Frauen reagieren müssen: »Er antwortete ihr kein Wort.« Seinen Jüngern geht die aufdringliche Art der Frau auf die Nerven. Sie bitten ihn: »Lass sie doch gehen, [gib ihr ihren Willen,] denn sie schreit uns nach« (Vers 23). Daraufhin gibt er – noch immer nicht der Frau, sondern seinen Jüngern – die kalte, sachliche Antwort: »Ich bin nur zu den verlorenen Schafen aus dem Hause Israel gesandt« (Vers 24).

Die Syrophönizierin ringt mit dem Messias Israels, obwohl er sie als »Hund« bezeichnet: »Ja, Herr«, gibt sie seiner Einschätzung der Lage Recht, »aber doch fressen die Hunde von den Brosamen, die vom Tisch ihrer Herren fallen« (Verse 26-27). Wie fremd erscheint dieser »harte« Messias Israels, im Gegensatz zu dem »Heidenheiland«, der voller Erbarmen die Sünden der Welt trägt. Der Davidssohn macht dieser heidnischen Mutter den Zugang zum Heil unendlich schwer.

Gleichzeitig mit dem Bewusstsein, der Messias nur für Israel zu sein, baut sich aber im Bericht des Matthäus eine Spannung zwischen Jesus und seinem Volk auf. Er sieht das Volk und es jammert ihn, »denn sie waren verschmachtet und zerstreut wie die Schafe, die keinen Hirten haben« (Matthäus 9,36). Seinen Jüngern muss er erklären, warum er zum jüdischen Volk nur in Gleichnissen spricht: »Denn mit sehenden Augen sehen sie nicht und mit hörenden Ohren hören sie nicht; und sie verstehen es nicht«, um dann, ebenso wie im Johannesevangelium, Jesaja 6,9-10 zu zitieren (Matthäus 13,13-15).

Der Vater im Himmel selbst verweigert seinem Knecht die ersehnte Einheit von Messias und Volk. Der Hirte Israels muss seinen Schafen sagen: »Das Reich Gottes wird von euch genommen und einem Volk gegeben werden, das seine Früchte bringt« (Matthäus 21,43). Schließlich begegnen wir ihm kurz vor seiner Passion auf dem Ölberg, wie er über Israel weint: »Jerusalem, Jerusalem, die du tötest die Propheten und steinigst, die zu dir gesandt sind! Wie oft habe ich deine Kinder versammeln wollen, wie eine Henne ihre Küken versammelt unter ihre Flügel; und ihr habt nicht gewollt!« (23,37).

»Ich werde den Hirten schlagen, und die Schafe der Herde werde ich zerstreuen«, zitiert Matthäus (26,31) den Propheten Sacharja (13,7). Erst als diese Prophezeiung eindeutig erfüllt war, konnte Jesus seine Jünger in das »Galiläa der Heiden« (Matthäus 4,15) bestellen. Erst als Israel seinen Messias unwiderruflich abgelehnt hat, kann dieser seinen Nachfolgern den Auftrag geben: »Gehet hin und machet zu Jüngern die Heidenvölker!«[162]

---

162 Matthäus 28,19. Der Begriff »ethnos« wird im Matthäusevangelium in der Regel im Gegensatz zum jüdischen Volk verwendet (Matthäus 4,15; 5,47; 6,7.31-32; 10,5.17-18; 12,17-21; 18,17; 20,19). In Matthäus 20,25; 24,7.9.14; 25,32 und 28,19 wird diese Beobachtung nicht widerlegt; in Matthäus 21,43 könnten eventuell Juden unter dem Begriff »ethnos« mit eingeschlossen sein.

Rabbi Moshe ben Maimon führt in Kapitel 11,4 seiner Ausführungen »Über die Könige und ihre Kriege« den Beweis, dass Jesus nicht der Messias Israels sein kann. Im 12. Jahrhundert fragt der im moslemischen Ägypten lebende Arzt und Rabbiner: »Gibt es einen größeren Fallstrick als das Christentum?!«

Maimonides führt dann aus, dass der Messias nach Aussage der Propheten Erlöser und Heiland Israels sein werde. Mit dem Erscheinen des Christentums brach aber die schlimmste Leidenszeit in der Geschichte des jüdischen Volkes an. In keinem anderen Namen wurde Israel in den vergangenen 2000 Jahren so viel Leid und Schmerz zugefügt, wie in dem Namen »Jesus«.

Weiter erklärt der »Rambam«, dass das Alte Testament voraussagt, dass der Messias die Zerstreuten Israels sammeln werde. Dem widerspricht aber die geschichtliche Tatsache, dass nach dem Tode Jesu der Tempel in Jerusalem zerstört wurde. Es waren meist Christen, die in den darauf folgenden Jahrhunderten den »Überrest Israels, der dem Schwert entronnen ist«, zerstreut und gedemütigt haben. Christliche Theologen erklärten, dass dieses Gericht Gottes über sein Volk rechtens und aktiv zu unterstützen sei.

Schließlich weiß Rabbi Moshe, dass es die Aufgabe des Messias ist, Israel »in den Geboten zu stärken«, das jüdische Volk im Wort Gottes so zu verwurzeln, dass »keiner den andern noch ein Bruder den andern lehren und sagen [wird]: ›Erkenne den Herrn‹, sondern sie sollen mich alle erkennen« (Jeremia 31,34). Das Christentum dagegen, so meint der jüdische Schriftforscher zu erkennen, habe »die Tora verändert und den Großteil der Welt verführt, einem Gott zu dienen, der nicht der Herr ist«.

Man mag zu rabbinischer Schriftauslegung und ihrer Gültigkeit stehen, wie man will. Festzuhalten bleibt, dass der »Rambam« Recht hat. Bis zum heutigen Tage lebt die überwiegende Mehrheit des jüdischen Volkes in der Diaspora, über alle Welt zerstreut. Bis zum heutigen Tage sehnt sich Israel nach seiner Erlösung und hat sie noch nicht erlangt. Und bis zum heutigen Tage wehrt sich die überwiegende Mehrheit des jüdischen Volkes dagegen, »etwas Besonderes« zu sein und ihr Leben nach dem Wort Gottes auszurichten. Angesichts des Zustandes Israels muss ganz objektiv festgestellt werden: Als Messias Israels hat Jesus bis zum heutigen Tage keinen Erfolg gehabt!

Dass Rabbi Moshe ben Maimon den Gründer des Christentums als »Versager« nicht einfach ad acta gelegt hat, ist erstaunlich. »Aber die Gedanken des Schöpfers der Welt kann kein Mensch erfassen«, fährt er unmittelbar fort. »Denn unsere Wege sind nicht seine Wege und unsere Gedanken sind nicht seine Gedanken!« Und dann erklärt Maimonides, dass »alle diese Worte und Taten von Yeshua HaNotzri« doch etwas Gutes bewirkt haben. Er sieht in Jesus einen Wegbereiter des messianischen Königs, der das Wort Gottes unter der heidnischen Völkerwelt bekannt macht. Damit wirke er auf die Erfüllung der Prophetie des Zefanja (3,9) hin: »Dann aber will ich den Völkern reine Lippen geben, dass sie alle des Herrn Namen anrufen sollen und ihm einträchtig dienen.«

In ***Jesaja***, Kapitel 49, begegnet uns der Gottesknecht, den der Herr »von Mutterleibe an berufen hat«, den er ausgerüstet und begabt hat. In eigenartiger Weise verschwimmen im Gottesknecht in diesem Text zwei Größen ineinander: Einerseits der Messias, der einen Auftrag am Volk

Israel hat. Andererseits das Volk, zu dem der Herr spricht: »Du bist mein Knecht, Israel, durch den ich mich verherrlichen will« (Vers 3).

Dieser Gottesknecht schreit auf: »Ich arbeite vergeblich und verzehre meine Kraft umsonst und unnütz!« (Vers 4). Er ist von Gott begabt. Er ist von Gott berufen. Und doch muss er feststellen: »Vergeblich (lerik) habe ich gearbeitet!« Fromme Juden bitten am Anfang eines jeden Tages im Morgengebet darum, dass der Herr ihnen »die Tora der Wahrheit geben« und »das ewige Leben« in sie »hineinpflanzen« möge, »damit wir uns nicht vergeblich (larik) mühen«.[163] Nun soll ausgerechnet dem, den der Schöpfer Himmels und der Erden wie keinen anderen auf seine Aufgabe vorbereitet hat, diese Bitte nicht gewährt werden?

Der von Gott Erwählte könnte das Ergebnis seiner Mühen nicht niederschmetternder charakterisieren. Bis zum Letzten hat er seine Kraft investiert – und die Frucht ist »tohu vahevel«, »Chaos und Nichtigkeit«, das genaue Gegenteil von dem, was normalerweise dabei herauskommt, wenn Gott etwas schafft. Am Ende seiner Kräfte kann er nur auf den verweisen, der ihn für diese Aufgabe bestimmt hat: »mein Recht ist bei dem Herrn und mein Lohn ist bei meinem Gott!« (Vers 4).

In diese verzweifelte Situation hinein spricht nun der Herr: Ja, ich habe dich »von Mutterleib an« zu meinem Knecht bereitet. Ja, es stimmt: Dein Auftrag war, Jakob zu

---

[163] sidur tephilat kol peh, nusach ashkenaz (Jerusalem: hotzet sepharim »Eshkol« J. Weinfeld Ltd., ohne Datum), 90. Israels Gebete, übersetzt und erläutert von Samson Raphael Hirsch (Zürich-Basel: Verlag Morascha, 1992), 204/205.

mir zurückzubringen – »aber Israel wurde nicht gesammelt!« (Vers 5). Anstatt gleich zur Lösung des Problems überzugehen, wird das Dilemma zuerst noch einmal unterstrichen: Der Gottesknecht war dazu geschaffen, Jakob zu seinem himmlischen Vater zurückzubringen, »aber Israel wurde nicht versammelt«. Der Gottesknecht war offensichtlich nicht in der Lage seinen Auftrag zu erfüllen, er hat versagt.

»Der Messias Israels hat versagt!« – Dieser Satz ist nicht nur anstößig für christliche Ohren. Er ist unmöglich für jüdische Ohren. Deshalb haben jüdische Schriftgelehrte diesen Text, Jesaja 49,5, auch anders gelesen. Sie haben einen einzigen Buchstaben und dadurch den gesamten Sinn verändert.[164] Das kann und darf weder in jüdischer noch in christlicher Theologie sein, dass Gott seinen Knecht dazu berufen hat, Israel zu sammeln, »aber Israel wurde nicht gesammelt«! Interessanterweise folgen die meisten deutschen Bibelübersetzungen der rabbinischen Änderung des ursprünglichen Textes. Der Gottesknecht selbst aber sieht die Fakten und weiß nur eines: »Ich bin vor dem Herrn wert geachtet, und mein Gott ist meine Stärke!« (Vers 5).

Doch wenn wir diese Schärfe abschwächen, nehmen wir dem biblischen Text seine ganze Aussage. Gott täuscht seinen verzweifelten Knecht nicht über die Tatsache hinweg, dass Israel eben nicht erlöst, nicht gesammelt und nicht im Worte Gottes verwurzelt ist. Sondern er erklärt ihm den Sinn, der hinter dieser Fügung des großen Schöp-

[164] Das »kere« (Anweisung zum Lesen) des masoretischen Textes macht das »aleph« des Wortes »lo« zu einem »vav«. Dadurch wird der Satz »aber Israel wurde nicht gesammelt« (veyisra'el lo ye'aseph) zu: »und Israel zu ihm gesammelt werde«.

fers steht: »Es ist zu wenig, dass du mein Knecht bist, die Stämme Jakobs aufzurichten und die Zerstreuten Israels wiederzubringen, sondern ich habe dich auch zum Licht der Heiden gemacht, dass du seist mein Heil bis an die Enden der Erde!« (Vers 6). Schon Jesaja hat es vorausgesehen: Durch den Fall des Gottesknechts wird den Heiden das Heil widerfahren.

Nach der Himmelfahrt Jesu waren ***die Apostel*** in einem Dilemma. Sie wussten, dass Israel »abgesondert wohnen und sich nicht zu den Heiden rechnen« sollte, wie schon der heidnische Seher Bileam erklärt hatte (4. Mose 23,9). Petrus erklärte das dem römischen Offizier Kornelius so: »Ihr wisst, dass es einem jüdischen Mann nicht erlaubt ist, mit einem Fremden umzugehen oder zu ihm zu kommen« (Apostelgeschichte 10,28). Jesus hatte den Unterschied zwischen Israel und den Völkern nicht einfach vom Tisch gewischt, auch nicht mit dem Missionsbefehl.

Deshalb lag die Apostelversammlung in Jerusalem gar nicht so falsch, wenn sie Petrus nach seiner Rückkehr aus der römischen Garnison Cäsarea beschuldigte: »Du bist zu Männern gegangen, die nicht Juden sind, und hast mit ihnen gegessen!« (Apostelgeschichte 11,3). Die ersten Judenchristen wurden durch die Verfolgungen in den gesamten östlichen Mittelmeerraum zerstreut. Dort aber verkündigten sie »das Wort niemandem als allein den Juden« (Apostelgeschichte 11,19).

Paulus wusste sich von seinem erhöhten Herrn selbst zum »Apostel der Heiden« berufen.[165] Als bibelgläubiger

---

[165] Apostelgeschichte 22,21; Römer 1,5; 9,24; 11,13; Galater 2,8; 1. Timotheus 2,7.

Jude und rabbinisch geschulter Gelehrter wusste er aber auch, dass er dies nicht einfach behaupten konnte. Er musste beweisen, dass die von Gott bestimmte Zeit gekommen war. Deshalb musste er immer »zuerst den Juden« das Evangelium verkünden.[166] Wo immer der Heidenapostel hinkam, ging er zuerst in die Synagoge oder suchte die Juden in der Umgebung auf.[167] Das war nicht etwa nur eine missionstaktische Entscheidung und schon gar keine schlechte Eigenschaft, die der alte Rabbiner einfach nicht loswerden konnte. Der Apostel wollte damit beweisen, dass die Zeit der Heiden angebrochen war.

In Antiochia in Pisidien, zum Beispiel, ging er mehrere Sabbate lang in die Synagoge, um dort zu lehren. Erst als die Juden die Botschaft des Paulus und Barnabas ablehnen, haben sie den Freimut zu sagen: »Euch musste das Wort Gottes zuerst gesagt werden; da ihr es aber von euch stoßt und haltet euch selbst nicht für würdig des ewigen Lebens, siehe, so wenden wir uns zu den Heiden« (Apostelgeschichte 13,46). Als Begründung verweisen sie auf das oben besprochene und orthodoxen Juden wohlbekannte Wort aus Jesaja 49,6: »Denn so hat uns der Herr geboten: ›Ich habe dich zum Licht der Heiden gemacht, damit du das Heil seist bis an die Enden der Erde‹« (Apostelgeschichte 13,47).

Die engagierte Ablehnung des jüdischen Volkes trieb Paulus aus der Synagoge in Thessalonich über Beröa in das

---

[166] Römer 1,16. In dieser Reihenfolge deshalb auch in Apostelgeschichte 20,21; 26,19-20.

[167] So in Salamis (Apostelgeschichte 13,5), Ikonium (Apostelgeschichte 14,1), Thessalonich (Apostelgeschichte 17,1), Beröa (Apostelgeschichte 17,10-11), Athen (Apostelgeschichte 17,17), Korinth (Apostelgeschichte 18,2.4-5), Ephesus (Apostelgeschichte 18,19).

Zentrum der heidnischen Philosophie, den Areopag in Athen (Apostelgeschichte 17,1ff.). Erst als die Juden in Korinth der Predigt, »dass Jesus der Christus ist« (Apostelgeschichte 18,5), »widerstrebten und lästerten, schüttelte er die Kleider aus und sprach zu ihnen: Euer Blut komme über euer Haupt; ohne Schuld gehe ich von nun an zu den Heiden« (Vers 6). Paulus und seine Anhänger ließen sich dann im »Haus eines Mannes mit Namen Titius Justus, eines Gottesfürchtigen«, nieder. »Dessen Haus war neben der Synagoge« (Vers 7). Werner de Boor beobachtet: »Weil sich ihm die Synagogen verschließen, wird der Weg frei zum Werden heidenchristlicher Gemeinden.«[168]

»Durch ihren Fall ist den Heiden das Heil widerfahren« ist das Thema der Apostelgeschichte. Am Anfang steht nicht etwa zufällig die Frage: »Herr, wirst du in dieser Zeit wieder aufrichten das Reich für Israel?« (1,6). Das Buch des vermutlich einzigen nichtjüdischen Autors der neutestamentlichen Schriften endet mit dem Resümee des Apostels Paulus und einem Zitat der schon mehrfach erwähnten Stelle aus Jesaja 6,9-10: »Mit Recht hat der Heilige Geist durch den Propheten Jesaja zu euren Vätern gesprochen: ›Geh hin zu diesem Volk und sprich: Mit den Ohren werdet ihr's hören und nicht verstehen; und mit den Augen werdet ihr's sehen und nicht erkennen. Denn das Herz dieses Volkes ist verstockt, und ihre Ohren hören schwer, und ihre Augen sind geschlossen, damit sie nicht etwa mit den Augen sehen und mit den Ohren hören und mit dem Herzen verstehen und sich bekehren, und

[168] De Boor, 261.

ich ihnen helfe.‹ So sei euch kundgetan, dass den Heiden dies Heil Gottes gesandt ist; und sie werden es hören« (Apostelgeschichte 28,25-28).

Israel *musste* fallen, damit das Heil zu uns Heiden kommen konnte. Gott selbst hat ihnen Augen und Ohren verschlossen und ein unverständiges Herz gegeben, damit wir, die Heidenvölker, Jesus Christus als Heiland annehmen konnten. Das ist eine heilsgeschichtliche Gesetzmäßigkeit, die im Neuen Testament keinesfalls allein steht. So erklärte Jesus zum Beispiel seinen Jüngern: »Es ist gut für euch, dass ich weggehe. Denn wenn ich nicht weggehe, kommt der Tröster nicht zu euch. Wenn ich aber gehe, will ich ihn zu euch senden. Und wenn er kommt, wird er der Welt die Augen auftun über die Sünde und über die Gerechtigkeit und über das Gericht« (Johannes 16,7-8). Jesu körperliche Abwesenheit war die heilsgeschichtliche Voraussetzung für die Ausgießung des Heiligen Geistes. Ebenso musste das jüdische Volk seinen Messias verkennen, damit das Heil zu den nichtjüdischen Völkern gelangen konnte – zu einem ganz bestimmten Zweck, nämlich

damit Israel ihnen nacheifern sollte (Römer 11,11c).

Paulus erinnert hier noch einmal daran, was er bereits in der zweiten Hälfte des vorhergehenden Kapitels erklärt hat. Aus dem heilsgeschichtlichen Zusammenhang ergibt sich eine konkrete Aufgabe für die Messias-Gläubigen aus den Heidenvölkern: Israel eifersüchtig zu machen.

Friedrich Adolph Philippi fasste das bereits im letzten Jahrhundert so zusammen: »Der Heiden Annahme ist nicht Endzweck, sondern geschichtliches Mittel, um schließlich Israels Heil zu bewirken.«[169] Und Adolf Schlatter wusste schon vor der schrecklichsten Judenverfolgung aller Zeiten: »Am Heiden soll der Jude sehen, was Christus gibt, wie reich seine Gnade ist; das soll ihn anspornen und nicht zum Neid auf Menschen und zum Widerspruch gegen Gott, sondern zu dem lebendigen Verlangen, solchen Heils auch selbst teilhaftig zu werden, das ja ihm vor allen anderen zugedacht ist.«[170]

[169] Philippi, 393.
[170] Schlatter, 195f.

IX. Kapitel

»Leben aus den Toten«

Erweckung der Heidenvölker durch Israels Vollzahl (Römer 11,12–27)

Jesus konnte seinen Auftrag, Israel zu erlösen, in sein Land zu sammeln und in der Tora zu verwurzeln, bis zum heutigen Tage nicht erfüllen. Dadurch ist er zum »Licht der Heiden« geworden. Der Apostel Paulus fasst diesen heilsgeschichtlichen Zusammenhang in Römer 11 auf unterschiedliche Weise in Worte:

- durch ihren Fall ist den Heiden das Heil widerfahren (Vers 11)
- ihr Fall ist Reichtum für die Welt (Vers 12a)
- ihr Schade ist Reichtum für die Heiden (Vers 12b)
- ihre Verwerfung ist die Versöhnung der Welt (Vers 15)
- die edlen Zweige wurden ausgebrochen, damit die wilden Zweige eingepfropft würden (Verse 17-24)
- im Blick auf das Evangelium sind sie Feinde um euretwillen (Vers 28)
- ihr habt Barmherzigkeit erlangt wegen ihres Ungehorsams (Vers 30)

Wir Heiden haben den Messias Gottes erkannt, den Gottes Volk um unseretwillen verkennen musste. Daraus erwächst eine Aufgabe für die heidenchristliche Gemeinde, Israel zur Eifersucht zu reizen. Paulus deutet das am Ende seiner Argumentationskette in Römer 10 an, dass Israel weder durch das Hören noch durch das Verstehen des Wortes Gottes zum lebendigen Glauben kommt, sondern: »Ich will euch eifersüchtig machen auf ein Nicht-Volk; und über ein unverständiges Volk will ich euch zornig machen« (10,19).

Im darauf folgenden Kapitel bringt er diesen Auftrag der heidenchristlichen Gemeinde auf den Punkt: Den Heiden ist das Heil widerfahren zu dem Zweck, dass »Israel ihnen nacheifern sollte« (11,11). Mit Nachdruck wiederholt der Apostel zwei Verse später: »Euch Heiden aber sage ich: Ich rühme mein Amt als Apostel der Heiden deshalb, weil ich vielleicht durch meine Heidenmission meine Stammverwandten zum Nacheifern reizen und einige von ihnen retten könnte« (11,13-14).

Wir haben akzeptiert, dass das Heil in der Person Jesu Christi von den Juden zu uns gekommen ist. Uns gefällt, dass wir dem jüdischen Volk geistlich einen Schritt voraus sind. »Die Heiden ... haben die Gerechtigkeit erlangt ... Israel aber hat nach dem Gesetz der Gerechtigkeit getrachtet und hat es doch nicht erreicht« (Römer 9,30-31). Wir setzen voraus, dass Israel geistlich von ***uns*** abhängig sein soll und verspüren so etwas wie Stolz, dass das auserwählte Volk jetzt Barmherzigkeit erlangen soll durch die Barmherzigkeit, die uns widerfahren ist (Römer 11,31).

An diesem heidenchristlichen Grundgefühl gegenüber Israel setzt der Apostel ein. Dazu bedient er sich des alten biblischen Bildes vom Ölbaum (Römer 11,17-24).

Im antiken Orient waren Oliven ein entscheidender Teil der täglichen Nahrung.[171] Der Ölbaum war vor allem

[171] 2. Mose 23,11; 5. Mose 6,10-11; 24,20; Josua 24,13; Richter 15,5; 1. Samuel 8,14; 2. Könige 18,31-32; 1. Chronik 27,28; Nehemia 9,25.

für seine »Fettigkeit« bekannt.[172] In der Heiligen Schrift stehen er und das aus seinen Früchten gewonnene Öl für Reichtum, Luxus[173] und Segen.[174]

Olivenöl diente aber nicht nur dem Verzehr, sondern auch als Brennstoff in Lampen[175], als Salböl[176], Kosmetik[177] und Heilmittel.[178] Deshalb wurde der Ölbaum zu den edelsten Bäumen gerechnet.[179] Aufgrund seines hohen Wertes und seiner symbolischen Bedeutung wird Olivenöl vielfach im Zusammenhang mit den Opfern erwähnt.[180]

---

172 1. Mose 49,20; 4. Mose 13,20; 5. Mose 32,15; 33,24; Richter 9,9; 1. Chronik 4,39-40; Nehemia 9,35; Psalm 109,24; Jesaja 5,1; 28,1.4; 30,23; Jeremia 5,27-28; Hesekiel 34,16; Habakuk 1,16.

173 2. Könige 5,26; 20,13; Sprüche 21,20; 27,9; Prediger 7,1; 9,8; 10,1; Jesaja 39,2; Hesekiel 16,13.18-19; 23,41; 27,17; Amos 6,6; Lukas 16,6; Offenbarung 18,11-13.

174 5. Mose 7,12-13; 8,7-8; 11,13-14; Hiob 29,1-2.6; Psalm 128,3; Jesaja 61,1-3; 25,6; Jeremia 31,12; Hesekiel 32,14; Joel 2,19.23-24; Haggai 2,18-19.

175 2. Mose 27,20; 3. Mose 24,2; 4. Mose 4,9; vergleiche auch 2. Mose 25,6; 35,8.14-15.28; 39,37-38; 4. Mose 4,16.

176 1. Mose 28,18-19; 35,14-15; 2. Mose 25,6; 29,7.21; 30,24-25.31; 31,11; 35,8.14-15.28; 37,29; 39,37-38; 40,9; 3. Mose 8,2.10-12.30; 10,7; 21,10-12; 5. Mose 28,40; Richter 9,8-9; 1. Samuel 10,1; 16,1.13; 2. Samuel 1,21; 14,1-2; 1. Könige 1,39; 2. Könige 9,1-3.6; 1. Chronik 9,29-30; Psalm 23,5; 45,8; 52,10; 89,21; 133,1-3; Sprüche 21,17; Hebräer 1,9 zitiert Psalm 45,8.

177 Ester 2,12; Psalm 104,14-15; Hoheslied 1,3; 4,10; Lukas 7,46.

178 Psalm 55,22; 141,5; Sprüche 5,3-4; Jesaja 1,6; Hesekiel 16,9; Markus 6,13; Lukas 10,33-35; Jakobus 5,14.

179 Vergleiche zum Beispiel Richter 9,8ff.

180 2. Mose 29,1-2.23.40; 3. Mose 2,1-2.4-5.6-7.15-16; 5,11; 6,8.14; 7,10.12; 8,26; 9,4; 14,10.12.15-18.21.24.26-29; 23,12-13; 4. Mose 6,15; 7,13. 19.25. 31.37. 43.49. 55.61. 67.73. 79; 8,8; 15,4.6.9; 28,5.9.20.28; 29,3.9.14; 18,12; Hesekiel 45,24-25; 46,5.7.11.14-15.

Als Baumaterial ist das sehr harte und meist knorrig durchwachsene Holz des Ölbaumes kaum verwendbar. Vermutlich war sein Symbolwert der Grund dafür, dass König Salomo die Cherubim und einige der Türpfosten im Heiligtum aus Olivenholz herstellen ließ (1. Könige 6,23.31-33).

Verschiedentlich deuten Schriftausleger das Öl als »Symbol des Geistes Gottes und seiner Gnadengaben«.[181] Dabei dient neben der Verwendung des Salböls bei der Amtseinsetzung von Priestern und Königen in Israel die symbolische Deutung der Ölbäume in Sacharja 4 und Offenbarung 11 als Hintergrund. Dort werden Botschafter, die in außergewöhnlicher göttlicher Vollmacht wirken, als Ölbäume bezeichnet.[182]

Für unseren Zusammenhang ist jedoch entscheidend, dass der Ölbaum ein Bild für Israel ist. Hosea (14,6-7) beschreibt die Beziehung, die Gott mit seinem auserwählten Volk anstrebt: »Ich will für Israel wie ein Tau sein ..., dass es so schön sei wie ein Ölbaum.« Der Prophet Jeremia weiß: »Der Herr nannte dich einen grünen, schönen, fruchtbaren Ölbaum« (Jeremia 11,16).

Paulus greift den Vergleich des Jeremia auf. Israel ist der Ölbaum. Damit verweist der Apostel zuerst einmal indirekt auf den Reichtum Israels: die Kindschaft, die Herrlichkeit, die Bundesschlüsse, die Gesetzgebung, der Gottesdienst, die Verheißungen, die Väter und der Messias.[183]

Doch schon Jeremia hatte gefragt: »Was macht mein geliebtes Volk in meinem Hause? Sie treiben lauter Bos-

---

[181] Philippi, 526.

[182] Sacharja 4,1-5.11-14; Offenbarung 11,3-4.

[183] Vergleiche Römer 9,4-5 und die Ausführungen in Kapitel III.

heit«, um dann zu erklären, dass der Herr deshalb »mit großem Brausen ein Feuer« um den Ölbaum Israel anzünden ließ, »so dass seine Äste verderben müssen« (Jeremia 11,15-16). Genauso stellt Paulus fest, dass »nun einige von den Zweigen ausgebrochen wurden« (Römer 11,17), dass sie verstoßen wurden aus der Gemeinschaft mit ihrem Gott, aus ihrem Land und aus ihrer ursprünglichen Bestimmung.

Aber Paulus geht es nicht um Wesen oder Unwesen Israels, sondern um die Beziehung der Gläubigen aus den Heidenvölkern zum jüdischen Volk. Er zielt auf den Hochmut, der seit Jahrtausenden die Einstellung von Nichtjuden gegenüber Israel kennzeichnet.

Wenn aber nun einige von den Zweigen ausgebrochen wurden und du, der du ein wilder Ölzweig warst, in den Ölbaum eingepfropft worden bist und teilbekommen hast an der Wurzel und dem Saft des Ölbaums, so rühme dich nicht gegenüber den Zweigen. Rühmst du dich aber, so sollst du wissen, dass nicht du die Wurzel trägst, sondern die Wurzel trägt dich. Nun sprichst du: Die Zweige sind ausgebrochen worden, damit ich eingepfropft würde. Ganz recht! Sie wurden ausgebrochen um ihres Unglaubens willen; du aber stehst fest durch den Glauben. Sei nicht stolz, sondern fürchte dich! Hat Gott die natürlichen Zweige nicht verschont, wird er dich doch wohl auch nicht verschonen. Darum sieh die Güte und den Ernst Gottes: den Ernst gegenüber denen, die gefallen sind, die Güte Gottes aber dir gegenüber, sofern du bei seiner Güte bleibst; sonst wirst auch du abgehauen werden (Römer 11,17-22).

»Wie der Schlag einer Axt, die den stolzen Ast abschlägt, beschließt das Futur Passiv ›ekkopese‹ (wirst auch du abgehauen werden) den Satz«, beobachtet Frédéric Godet.[184] Um die Gefahren christlicher Selbstüberhebung deutlich zu machen, lässt sich Paulus auf ein fiktives Gespräch ein. »Sei nicht stolz« (Vers 20), ermahnt er seine heidenchristlichen Leser, und: »Rühme dich nicht gegenüber den Zweigen« (Vers 18).

»Nicht du trägst die Wurzel, sondern die Wurzel trägt dich« (Vers 18), begründet der Apostel seine Ermahnungen und erinnert daran, dass ein nichtjüdischer Nachfolger Jesu ein »wilder Ölzweig« ist, der »in den Ölbaum eingepfropft worden ist« und »syngkoinonos«, wörtlich »Mit-Teilhaber«, geworden ist »an der Wurzel und dem Saft des Ölbaums« (Vers 17).

Vielleicht verweist der Rabbiner Sha'ul aus Tarsus mit diesem Bild über ein Wortspiel auf eine der ältesten Verheißungen Gottes. Im babylonischen Talmud (Traktat Yebamoth 63a) wird von Rabbi Ele'azar die Frage überliefert: »Was bedeutet der Text ›und in dir sollen gesegnet werden alle Geschlechter auf Erden‹ (1. Mose 12,3)?«

Die Antwort darauf findet der jüdische Gelehrte, indem er die hebräische Wortwurzel »barakh«, von der das »gesegnet werden« (lehibarekh) stammt, in eine andere Stammform verwandelt. Er kommt zu dem Schluss, dass der Segen Abrahams auch für die Heiden gilt, die sich in den Ölbaum Israel »einpfropfen lassen« (lehabhrikh), wie zum Beispiel die Moabiterin Rut oder auch die Ammoni-

[184] Godet, 251.

terin Naama.[185] Nach alttestamentlicher Lehre war das eine Unmöglichkeit (5. Mose 23,4-7). Doch Gott machte diese Frauen nicht nur zu einem Teil Israels, sondern sogar zu Stammmüttern seiner bedeutendsten Fürsten.

Entscheidende Vorbedingung dafür war jedoch, dass sich diese Nichtjuden aus ihrem ursprünglichen, wilden Ölbaum ausbrechen ließen und in den edlen Ölbaum Israel eingepfropft wurden. »Dein Volk ist mein Volk, und dein Gott ist mein Gott!«, bekennt die moabitische Urgroßmutter des Königs David und verpflichtet sich auf Gedeih und Verderb ihrer verbitterten Schwiegermutter: »Wo du stirbst, da sterbe ich auch, da will ich auch begraben werden. Der Herr tue mir dies und das, nur der Tod wird mich und dich scheiden« (Rut 1,16-17).

Martin Schacke ist der Gedanke, dass wir als Christen unsere Glaubensgrundlage in Israel haben, so fern, dass er – ohne jede biblische Grundlage! – annimmt, so »kann nur Gott die Wurzel sein«.[186] Werner de Boor bemerkt, »dass dieses Bild uns eine heilsgeschichtliche Stellung zuweist, die wir längst vergessen haben, ja gegen die wir uns auflehnen, wenn sie uns gezeigt wird.«[187]

»Für uns heute ist die Synagoge eine unbedeutende Merkwürdigkeit neben der Fülle der christlichen Kirchen«, beschreibt de Boor die Denkweise vieler Christen, »Wir sehen diese Kirchen in keiner Weise als ›Zweige‹, die in den eigentlichen und ursprünglichen Baum ›Israel‹ eingepfropft sind.«[188] Tatsache ist jedoch, dass wir als Men-

[185] Vergleiche dazu das Buch Rut und 1. Könige 14,31. In Galater 3,8-9 bezieht sich Paulus ausdrücklich auf 1. Mose 12,3 zurück.

[186] Schacke, 254.

[187] De Boor, 264.

[188] Ebd., 220f.

schen, die aus den Heidenvölkern zum Glauben an den Messias Yeshua gekommen sind, aus unserem natürlichen nationalen und kulturellen Zusammenhang ausgebrochen und in den Ölbaum Israel eingepfropft werden müssen.

»Die Heiden werden zu Gottes Volk durch die Juden, nicht aber die Juden durch die Vermittlung der Heiden«, erklärt der Schweizer Theologe Frédéric Godet diese Passage des Römerbriefes: »Sei es wie es wolle. Auch wenn man es verachtet. Es bleibt nichtsdestotrotz eine Tatsache!«[189] Wir, die wir einst ein »Nicht-Volk« und »Unbeschnittene« genannt wurden, sind im Messias Yeshua zu »Nahen geworden«. Durch ihn haben wir das Bürgerrecht Israels, die »politeia tou Israel«, die »israelische Staatsbürgerschaft« erhalten und sind so zu Einheimischen und Teilhabern des Bundes der Verheißung geworden (Epheser 2,11-13).

Mit dem Bild von den natürlichen Zweigen, die aus dem edlen Ölbaum ausgebrochen wurden, hat der Apostel jede falsche Heilssicherheit auf jüdischer Seite zerschlagen. Nicht alle, die von Israel stammen, sind automatisch Israeliten (Römer 9,6). »Gott vermag dem Abraham aus diesen Steinen Kinder zu erwecken«, hatte schon Johannes der Täufer seinen jüdischen Zeitgenossen entgegengehalten, die sich darauf verlassen hatten: »Wir haben Abraham zum Vater« (Matthäus 3,9). Paulus wusste: »Nicht der ist ein Jude, der es äußerlich ist, auch ist nicht das die Beschneidung, die äußerlich am Fleisch geschieht; sondern der ist ein Jude, der es inwendig verborgen ist, und das ist die Beschneidung des Herzens, die im Geist und nicht im Buchstaben geschieht« (Römer 2,28-29).

[189] Godet, 248.

Das »Stehen« in Römer 11,20 steht im Gegensatz zu »Fallen«.[190] »Du stehst fest durch den Glauben«, betont Paulus. »Nicht um Vorzüge oder Leistungen, auf die du stolz sein könntest, geht es, sondern um ›Glaube und Unglaube‹.«[191] »Wer durch den Glauben steht, steht durch göttliche Gnade, nicht durch eigenes Verdienst«, betont Friedrich Adolph Philippi und zitiert den Pietistenvater Johann Albrecht Bengel: »Fides, Dei donum, demissos faciens.«[192] Die Glaubensbeziehung mit dem himmlischen Vater ist ein Geschenk Gottes, das ihm niemand durch gute Taten abringen könnte.

Das gilt für das jüdische Volk. Die Heilszusagen Gottes an Israel sind keine Heilsgarantie für den Einzelnen, der seine jüdische Abstammung nachweisen oder einen jüdischen Lebensstil vorweisen kann. Das gilt deshalb aber umso mehr für Nichtjuden. Mit dem Vergleich der wilden mit den natürlichen Zweigen wendet sich der Apostel gegen jede falsche Heilssicherheit oder geistliche Überheblichkeit auf Seiten der heidenchristlichen Gemeinde.

»Hat Gott die natürlichen Zweige nicht verschont, wird er dich doch wohl auch nicht verschonen« (Vers 21). Wenn es möglich war, dass die natürlichen Zweige durch ihren Unglauben aus ihrer natürlichen Grundlage ausgebrochen wurden, wie viel leichter können dann die entgegen der Natur eingepfropften Zweige wieder ausgebrochen werden?! Deshalb: »Sei nicht stolz, sondern fürchte dich!« (Vers 20). Die Gläubigen aus den Heiden-

---

190 Vergleiche die Verse 11 und 22 und außerdem noch Römer 14,4.
191 de Boor, 265.
192 Philippi, 528.

völkern sollten nicht nur das jüdische Volk nicht verachten. Wenn sie die Lage des auserwählten Volkes aus Gottes Sicht verstehen, fangen sie an, um sich selbst zu zittern.

»Ich bin der wahre Weinstock, und mein Vater ist der Weingärtner!« Ein paar Jahre vor Paulus hatte Jesus ein ähnliches Bild mit vergleichbarer Intention verwendet: »Eine jede Rebe an mir, die keine Frucht bringt, wird er wegnehmen; und eine jede, die Frucht bringt, wird er reinigen, dass sie mehr Frucht bringe«, erklärt er seinen Jüngern und fordert sie deshalb auf: »Bleibt in mir und ich in euch!« Denn »wer in mir bleibt und ich in ihm, der bringt viel Frucht.« Allerdings weiß der Herr, wie Paulus, auch um die Kehrseite der Medaille: »Wer nicht in mir bleibt, der wird weggeworfen wie eine Rebe und verdorrt, und man sammelt sie und wirft sie ins Feuer, und sie müssen brennen« (Johannes 15,1-8).

Philipp Melanchthon, der Mitarbeiter des Reformators Martin Luther, sah eine Erfüllung dieser Warnung in der Ausrottung orientalischer Heidenkirchen durch den Islam.[193] Frédéric Godet meinte gegen Ende des 19. Jahrhunderts zu erkennen, dass »unser Heidenchristentum jetzt den Punkt erreicht hat, den St. Paulus hier beschreibt. In seiner Überheblichkeit tritt es den Kern der Gnade mit Füßen, die es zu dem gemacht hat, was es ist. Deshalb steuert es auf ein Gericht der Verwerfung zu, das dem gleicht, das Israel erfahren hat, dem aber die Verheißung fehlt, die den Fall des jüdischen Volkes begleitet hat.«[194]

Echter Glaube beinhaltet Furcht. Eine Furcht, die heilsam ist. Eine Furcht, die sich ausschließlich auf Gott und

---

[193] Ebd., 531.
[194] Godet, 251.

seine souveräne Gnade verlässt und nichts aufgrund von eigenen Verdiensten beansprucht:[195] Gottesfurcht. »Absolute, bedingungslose Verheißungen, die Heiden oder Juden das Heil garantieren, ganz unabhängig davon, wie sie leben«, schreibt der reformatorisch geprägte US-Theologe William Hendriksen[196], »existieren nur in menschlicher Vorstellung, nicht aber in der Heiligen Schrift.« »Der Glaube erhält in der Furcht«, erkannte Adolf Schlatter »denn weil ich durch Glauben stehe, stehe ich nicht durch mich selbst, sondern einzig durch das, was Gott mir gibt.«[197]

Jene aber, sofern sie nicht im Unglauben bleiben, werden eingepfropft werden; denn Gott kann sie wieder einpfropfen. Denn wenn du aus dem Ölbaum, der von Natur wild war, abgehauen und wider die Natur in den edlen Ölbaum eingepfropft worden bist, wie viel mehr werden die natürlichen Zweige wieder eingepfropft werden in ihren eigenen Ölbaum (Römer 11,23-24).

Der messianische Jude Joseph Shulam beobachtet richtig, dass Israel auf einem festeren Boden steht als wir Heiden. Während Heidenchristen nur »durch den Glauben« ste-

[195] Vergleiche dazu z. B. Sprüche 3,7; Philipper 2,12-13; Hebräer 4,1; 1. Petrus 1,17.

[196] New Testament Commentary: Romans. 2 Volumes in One (3 Murrayfield Road, Edinburgh EH12 6EL: The Banner Of Truth Trust, 1980), 375.

[197] Schlatter, 197.

hen, sind Judenchristen zusätzlich in »Gottes Gaben und Berufung« verwurzelt.[198]

Tatsächlich impliziert Paulus mehrfach einen bleibenden Unterschied zwischen Juden und Nichtjuden, einen bleibenden Vorzug des jüdischen Volkes gegenüber allen anderen Völkern, selbst im Blick auf die Rechtfertigung. Die Stelle in Römer 3,30, dass Gott »die Juden ***aus*** dem Glauben, die Heiden« jedoch »***durch*** den Glauben« gerecht macht, wurde oben, am Ende von Kapitel 5 bereits erwähnt.

Während die »wilden Ölzweige« »wider die Natur (para physin) in den edlen Ölbaum eingepfropft« wurden, werden die Zweige des edlen Ölbaums »der Natur entsprechend (kata physin) wieder eingepfropft werden in ihren eigenen Ölbaum« (Vers 24). Das heißt, die Rechtfertigung Israels ist »natürlich«, selbstverständlich, während die Erlösung der Heiden außergewöhnlich, »wider die Natur« ist.

Diesen Unterschied konkretisiert der Apostel in Römer 15,8-9. Christus wurde »ein Diener der Juden ... ***um der Wahrhaftigkeit Gottes willen, um die Verheißungen zu bestätigen,*** die den Vätern gegeben sind; die Heiden dagegen sollen Gott loben ***um der Barmherzigkeit willen.***« Gott rettet das jüdische Volk also, weil er sich dazu verpflichtet hat. Ihnen gehören »die Verheißungen« und auch »die Väter« (Römer 9,4-5). Den Heidenvölkern dagegen wendet sich der Gott Israels ohne jede Verpflichtung, aus reiner Gnade, zu.

---

[198] Vergleiche die Verse 28-29. Joseph Shulam with Hilary Le Cornu. A Commentary on the Jewish Roots of Romans (Baltimore, Maryland: Messianic Jewish Publishers a division of The Lederer Foundation, 1997), 375.

Wie groß, unverdient, ja unverständlich und unlogisch diese Gnade gegenüber den nichtjüdischen Völkern ist, wird noch klarer, wenn man bedenkt, dass ein Gärtner normalerweise nicht wilde Zweige auf einen edlen Baum pfropft, sondern umgekehrt einen wilden Baum durch edle Zweige kultiviert.[199] Das Einpfropfen der Heidenchristen in Israel ist in jeder Hinsicht »para physin« (Vers 24), »gegen die Natur«. Daraus folgt logischerweise aber auch, dass die ursprünglich wilden Zweige, die entgegen den Naturgesetzen in den edlen Ölbaum eingepfropft wurden, weniger homogen mit dem Stamm und den Wurzeln verbunden sind. Deshalb können sie auch leichter abgestoßen werden als die natürlichen Zweige.

Wenn die Gemeinde Jesu aus den Nationen Zukunft hat, um wie viel mehr hat dann Gottes auserwähltes Volk Israel eine herrliche Zukunft! Das hat der Apostel nicht nur am Anfang von Römer 11 betont und durch das biblische Prinzip vom Erstling des Teigs bewiesen. Er hat im zweiten Teil von Vers 16 noch einmal darauf hingewiesen: »und wenn die Wurzel – die niemals ausgerissen wurde! – heilig ist, so sind auch die Zweige – die teilweise um der Heiden willen ausgebrochen wurden – heilig!«

---

[199] »Die Herbeiziehung der morgenländischen Sitte, Oleasterzweige in den Oelbaum einzusenken, ist ungehörig. Denn wie aus den dafür beigebrachten Stellen der Alten (Columella de re rust. v,9; Palladius de insitione xiv,53.54; Foecundat sterilis pingues oleaster olivas, et quae non novit munera ferre docet.) und neuerer Reisebeschreiber hervorgeht, sollen hier, wie es auch in der Natur der Sache liegt, durch Einpflanzung der wilden Zweige in den edlen Baum nicht die Einsetzlinge veredelt werden, was ein zweckloses Verfahren wäre, da ja der Oelbaum ohnedies schon edle Früchte trägt, sondern es soll der alternde edle Baum durch das Einströmen der frischen Säfte der wilden Zweige gekräftigt werden.« (Philippi, 527)

Gott hat sein Volk wirklich nicht verstoßen, das er sich zuvor erwählt hat! Schon das Bild vom Ölbaum hätte das hinreichend klarmachen müssen. Denn »warum wird Israel mit einem Ölbaum verglichen?«, wird die Frage des Rabbi Yehoshua ben Levi (3. Jahrhundert) im babylonischen Talmud (Traktat Menahoth 53b) überliefert. »Um zu sagen: Wie der Olivenbaum weder im Sommer noch im Winter sein Laub verliert, so wird auch Israel niemals verloren sein, weder in dieser Welt noch in der kommenden.«

Damit übersehen die jüdischen Gesetzeslehrer keinesfalls, dass Israel nicht immer als grünender und bewundernswerter Baum vor den Augen der Welt steht, sondern auch große Tiefen durchlebt. Deshalb trägt Rabbi Yochanan noch eine weitere Erklärung zu diesen Überlegungen bei: »Warum wird Israel mit dem Ölbaum verglichen? – Um zu sagen: Wie die Olive ihr Öl nur gibt, wenn sie in der Presse zerstoßen wird, so wird Israel erst nach großem Leiden auf den rechten Weg zurückkehren.« (ebd.)

Rabbi Yitzchak ist sich sogar darüber im Klaren, dass Israel viel Leid verdient hat. Er erzählt seinen Schülern eine Haggada.[200] Darin sieht der Heilige, gelobt sei Er, kurz vor der Zerstörung des Tempels Abraham im Heiligtum stehen. Erstaunt fragt der Allmächtige: »Was macht mein Freund in meinem Hause?«[201] Worauf Abraham

[200] Das ist eine »Lehr-Erzählung«.

[201] Dieses fiktive Gespräch Abrahams mit Gott erinnert an Abrahams Fürbitte für Sodom in 1. Mose 18 und wird von den Rabbinen als Vorbild einer Fürbitte für Israel interpretiert (vergleiche oben Kapitel II). Alles Reden Gottes entnimmt Rabbi Yitzchak im babylonischen Talmud (Traktat Menahoth 53b) wörtlich dem hebräischen Urtext in Jeremia 11,15, um den darauf folgenden Vers 16 zu erklären. Ich halte mich in meiner Übersetzung, soweit möglich, an den revidierten Luthertext von 1999.

erklärt: »Ich bin hier wegen des Schicksals meiner Kinder.« Gott konstatiert: »Deine Kinder haben gesündigt und sind deshalb ins Exil gegangen.« »Vielleicht«, versucht Abraham einzuwenden, »haben sie es nicht besser gewusst?« Doch Gott weiß: »Sie treiben lauter Bosheit!« – »Vielleicht haben nur ein paar gesündigt?«, wagt Abraham einzuwenden. »Es waren viele!«, lautet die Antwort. »Und doch«, fleht der Stammvater Israels, »hättest du des Bundes der Beschneidung gedenken sollen!«, worauf Gott entgegnet: »Heiliges Fleisch könnte die Schuld nicht von ihnen nehmen!« »Vielleicht hätten sie Buße getan, wenn du noch auf sie gewartet hättest«, bemüht sich Abraham noch ein letztes Mal. Doch Gott sieht: »Wenn sie übel tun, sind sie guter Dinge darüber.« Da schlägt Abraham die Hände vors Gesicht. Er weint bitterlich und schreit auf: »Dann gibt es überhaupt keine Hoffnung mehr für sie?!« Da ruft eine Stimme vom Himmel her: »›Der Herr nannte dich einen grünen, schönen, fruchtbaren Ölbaum!‹ (Jeremia 11,16). Wie der Ölbaum sein Bestes erst am Ende bringt, so wird auch Israel erst in der Endzeit seine Frucht bringen!«

Auch Paulus wusste, was der Prophet Jesaja (27,6-7) vorausgesehen hatte: »Es wird einst dazu kommen, dass Jakob wurzeln und Israel blühen und grünen wird, dass sie den Erdkreis mit Früchten füllen. Wird doch Israel nicht geschlagen, wie seine Feinde geschlagen werden, und nicht getötet, wie seine Feinde getötet werden!« Israel wurde niemals so gerichtet, dass »ihnen weder Wurzel noch Zweig« blieb (Maleachi 3,19).

Deshalb fährt der Apostel fort:

Ich will euch, liebe Brüder, dieses Geheimnis nicht verhehlen ...[202] (Römer 11,25).

Im Alten Testament kommt das Wort »Geheimnis« (raz/mysterion) nur im Buch Daniel vor.[203] Die Bedeutung der Träume des Königs Nebukadnezar sind ein Geheimnis, das »die Weisen, Gelehrten, Zeichendeuter und Wahrsager« des babylonischen Königs nicht zu deuten vermögen (Daniel 2,27). Daniel und seine Freunde bitten den »Gott des Himmels«, und dieser offenbart Daniel die Deutung des Traumes, das Geheimnis, »durch ein Gesicht in der Nacht« (2,18-19). Im Verlauf der Geschichte erkennt der König: »Es ist kein Zweifel, euer Gott ist ein Gott über alle Götter und ein Herr über alle Könige, der Geheimnisse offenbart« (2,47).

Jedes »Geheimnis« im biblischen Sinne bedarf der Deutung. Ein Mensch kann ein Geheimnis nicht von sich aus ergründen. Kein Mensch kann aufgrund eigener Erfahrung oder logischen Nachdenkens ein Geheimnis durchschauen. Zum Verständnis eines Geheimnisses ist das direkte Reden Gottes, eine Offenbarung (apokalypsis)

---

202 Ähnlich leitet Paulus z. B. in 1. Korinther 10,1; 12,1; 2. Korinther 1,8; Philipper 1,12; 1. Thessalonicher 4,13 eine besonders wichtige Mitteilung ein.

203 Das aramäische Wort »raz« beziehungsweise das griechische »mysterion« kommen in Daniel 2,18.19.27.28.29.30.47 und 4,6 vor. Das hebräische Wort »sod«, das ebenfalls mit »Geheimnis« oder »Ratschluss« ins Deutsche übertragen werden kann, trägt eher die Bedeutung von »trauliches Gespräch«, »vertrauter Umgang« oder »gemeinsame Beratung«. Soweit mir bekannt, wird es im Griechischen nicht mit »mysterion« wiedergegeben.

notwendig.[204] So wird Gott im Buch Daniel auch ganz einfach als derjenige bezeichnet, »der Geheimnisse offenbart« (2,29.47).

»Die beiden Begriffe ›mysterion‹ und ›apokalypsis‹ stehen in einer sich ergänzenden Wechselbeziehung«, erklärt Frédéric Godet (Seite 253). »Wenn die Offenbarung dann aber stattgefunden hat, fällt das Geheimnis in den Bereich des Verstehens«, kann logisch nachvollzogen werden. »Der Apostel redet also an unserer Stelle als Prophet ›en apokalypsei‹. Und diese ›apokalypsis‹ ist ihm durch Vermittelung des göttlichen Geistes, ›en pneumati‹ zu Theil geworden.«[205]

Im Neuen Testament wird auch der Gebrauch von Gleichnissen, Parabeln oder Symbolen als »Geheimnis« (mysterion) bezeichnet. So spricht Jesus zu seinen Jüngern »in Gleichnissen«, denn es ist ihnen gegeben, »die Geheimnisse des Himmelreichs zu verstehen«.[206] Paulus bezeichnet die biblischen Aussagen über die Ehe als »Geheimnis« und deutet sie auf das Verhältnis von Christus und Gemeinde (Epheser 5,31-32). Im letzten Buch des Neuen Testaments, der Offenbarung, werden dem Seher

---

204 Römer 16,25-26; Epheser 1,9; 3,3.5; vergleiche als Beispiel Offenbarung 1,20; 17,7. Godet, 253, verweist dabei auch noch auf die Aussagen des Paulus in 1. Korinther 15,51 und 1. Thessalonicher 4,15, die einer direkten Offenbarung von oben entsprungen sein müssen.

205 Philippi, 535.

206 In Matthäus 13,10-11 ist von »den Geheimnissen des Himmelreiches« (ta mysteria tes basileias ton ouranon) die Rede. Lukas (8,10) überliefert ebenfalls den Plural, »die Geheimnisse des Reiches Gottes« (ta mysteria tes basileias tou theou), während Markus (4,11-12) in der Einzahl vom »Geheimnis des Reiches Gottes« (to mysterion tes basileias tou theou) spricht.

Johannes verschiedene »Geheimnisse«, das heißt Bilder oder Symbole, erklärt.[207]

Doch der Apostel Paulus gebraucht hier in Römer 11,25 keinen Vergleich und auch kein Bild, wenn er seinen heidenchristlichen Lesern in Rom ein »mysterion« mitteilen will. Eher knüpft er an das 2. Kapitel des 1. Korintherbriefes an. Dort spricht er von »der Weisheit Gottes, die im Geheimnis verborgen ist, die Gott vorherbestimmt hat vor aller Zeit zu unserer Herrlichkeit« (Verse 7+8).

In Kolosser 2,2 bezeichnet Paulus den Messias Jesus, »in welchem verborgen liegen alle Schätze der Weisheit und der Erkenntnis«, als »das Geheimnis Gottes«. Seinem Schüler Timotheus erklärt er »das Geheimnis des Glaubens« näher: »Er ist geoffenbart im Fleisch, gerechtfertigt im Geist, erschienen den Engeln, gepredigt den Heiden, geglaubt in der Welt, aufgenommen in die Herrlichkeit« (1. Timotheus 3,16).

Im Epheserbrief nennt Paulus den Ratschluss Gottes, »dass alles zusammengefasst würde in Christus, was im Himmel und auf Erden ist«, das »Geheimnis seines Willens«.[208] Im dritten Kapitel erklärt er dann das »Geheimnis Christi« (Vers 4), das »in früheren Zeiten den Menschenkindern nicht kundgemacht, jetzt aber offenbart ist seinen heiligen Aposteln und Propheten durch den Geist« (Vers 5): Die Heiden sind Miterben mit Israel und gehören mit zum Leib Christi. Sie sind Mitgenossen der Verheißung in Christus Jesus durch das Evangelium (Vers 6).

Der Gemeinde in Kolossä gegenüber schwärmt Paulus von dem »herrlichen Reichtum dieses Geheimnisses«,

---

[207] Offenbarung 1,20; 17,5.7.

[208] Epheser 1,9-10; vergleiche auch Epheser 3,8-10.

dass der Messias jetzt eben nicht mehr nur in Israel zu suchen ist, sondern auch »unter den Heiden«: »Christus in euch, die Hoffnung der Herrlichkeit« (Kolosser 1,25-27). Am Ende des Römerbriefes ist dem Apostel wichtig, dass es die »Predigt von Jesus Christus« ist, »durch die das Geheimnis offenbart ist, das seit ewigen Zeiten verschwiegen war, nun aber offenbart und kundgemacht ist durch die Schriften der Propheten nach dem Befehl des ewigen Gottes«. Dieses Geheimnis ist, »den Gehorsam des Glaubens aufzurichten unter allen Heiden« (Römer 16,25-26).[209]

Auch die Tatsache, dass bis zur Wiederkunft Christi »nicht alle entschlafen«, dann »aber alle verwandelt werden«, »plötzlich, in einem Augenblick, zur Zeit der letzten Posaune«, bezeichnet Paulus als »mysterion« (1. Korinther 15,51-52). Dann taucht das Wort noch im Zusammenhang mit einem Menschen der Gesetzlosigkeit auf, den der Herr Jesus umbringen wird »mit dem Hauch seines Mundes« (2. Thessalonicher 2,7-8). Und hier in unserem Kontext kennzeichnet der Apostel Gottes Handeln mit Israel als »Geheimnis«.

Gott selbst »gibt« auserwählten Menschen seine Geheimnisse zu verstehen.[210] Ein »mysterion« gehört in den »Intimbereich« der Kommunikation zwischen dem

---

[209] Wie revolutionär die Offenbarung dieses Geheimnisses für die erste Gemeinde war, zeigt der Zusammenhang von Apostelgeschichte 10 und 11. Gegen Ende der dramatischen Entwicklung bleibt den versammelten jüdischen Aposteln nichts anderes übrig, als stillzuschweigen, Gott zu loben und zuzugeben: »So hat Gott auch den Heiden die Umkehr gegeben, die zum Leben führt!« (Apostelgeschichte 11,18). In diesem Zusammenhang ist vermutlich auch Offenbarung 10,7 zu sehen.

[210] Matthäus 13,11; Markus 4,11; Lukas 8,10.

lebendigen Gott und den Menschen, die ihm ihr Leben anvertraut haben, die er mit seinem Geist begabt hat (1. Korinther 14,2). Doch selbst der Apostel Paulus hielt es noch für angemessen, den Christen in Korinth »nicht mit hohen Worten und hoher Weisheit« zu kommen und ihnen »das Geheimnis Gottes zu verkündigen«. Angesichts ihrer geistlichen Reife hatte er sich dafür entschieden in ihrem Falle »nichts zu wissen als allein Jesus Christus, den Gekreuzigten« (1. Korinther 2,1-2). So kommt es vor, dass Geheimnisse zwar lange bekannt waren, ihre Bedeutung aber »seit ewigen Zeiten verschwiegen« und erst sehr viel später offenbart wurde, »wenn die Zeit erfüllt« war.[211]

»Es ist eine Tatsache, dass von den neutestamentlichen Schreibern nur der Apostel Paulus von den großen und weit greifenden Geheimnissen Gottes schreibt.«[212] Die Diakone in der Gemeinde ermahnt der Apostel, »das Geheimnis des Glaubens mit reinem Gewissen zu bewahren« (1. Timotheus 3,9). Sich selbst bezeichnet er als »Diener und Haushalter über Gottes Geheimnisse« (1. Korinther 4,1) und bittet um Fürbitte darum, »dass mir das Wort gegeben werde, wenn ich meinen Mund auftue, freimütig das Geheimnis des Evangeliums zu verkündigen« (Epheser 6,18-19). Gleichzeitig ist er sich darüber im Klaren, dass es »das Geheimnis Christi« ist, »um dessentwillen ich auch in Fesseln bin« (Kolosser 4,3).

Für den Propheten Daniel war die Erkenntnis der Geheimnisse Gottes eine Stufe seiner beispiellosen politischen Karriere. Doch der begabte Staatsmann wusste:

---

[211] Römer 16,25-26; 1. Korinther 2,7; Epheser 1,9-10; 3,5.9-10; Kolosser 1,26.

[212] Schacke, 255.

»Meine Weisheit ist nicht größer als die Weisheit aller, die da leben« (Daniel 2,30). Die Offenbarung eines Geheimnisses ist immer ein Zeichen für Gottes gnädige Zuwendung, niemals ein Beweis für menschliche Errungenschaften. Deshalb gibt Paulus das Geheimnis auch mit einer Ermahnung weiter:[213]

... damit ihr euch nicht selbst für klug haltet: Verstockung ist einem Teil Israels widerfahren, so lange bis die Fülle der Heiden zum Heil gelangt ist; und so wird ganz Israel gerettet werden (Römer 11,25-26).

Damit kommt der Apostel Paulus zum Inhalt des Geheimnisses. Zwischen dem Heil für die Heidenwelt und dem Heil für Israel besteht ein unauflöslicher Zusammenhang.

Zunächst wird vorausgesetzt, was Paulus im ersten Teil des Kapitels ausgeführt hat: Durch den Fall Israels ist den Heiden das Heil widerfahren (Vers 11). Das jüdische Volk ***musste*** seinen Messias ablehnen, damit er zum Heidenheiland werden konnte.

Doch diese Verstockung Israels um der Nichtjuden willen umfasst zum einen nicht das gesamte jüdische Volk – »Verstockung ist ***einem Teil*** Israels widerfahren« –,

[213] Ähnliche Warnungen werden zum Beispiel in Sprüche 3,7; Jesaja 5,21 oder von Paulus selbst auch noch in Römer 12,16 ausgesprochen. Unter keinen Umständen verlor der Apostel das Bewusstsein: »Und wenn ich prophetisch reden könnte und wüsste alle Geheimnisse und alle Erkenntnis und hätte allen Glauben, so dass ich Berge versetzen könnte, und hätte die Liebe nicht, so wäre ich nichts« (1. Korinther 13,2).

zum anderen ist sie zeitlich begrenzt: »*so lange bis* die Fülle der Heiden zum Heil gelangt ist«.

Die »Fülle« oder »Vollzahl« (pleroma) ist das, was etwas Unvollkommenes vollkommen macht, die »Füllung«, das »Vollmaß«, der »Inhalt«, der ein bestimmtes Gefäß oder einen Raum ausfüllt.[214] Ein »pleroma« setzt immer »ein Gefäss voraus, in welches bestimmungs- und naturgemäss oder nothwendig die Einfüllung geschieht«.[215] Solange das Maß nicht voll ist, ist das »pleroma« nicht erreicht.

Einem alten, zerrissenen Kleid beispielsweise fehlt das »pleroma«. Die »Fülle« oder »Vollzahl«, die das alte Kleid vollkommen macht, ist in diesem Fall dann als »Lappen« oder »Flicken« zu übersetzen (Matthäus 9,16/Markus 2,21). Das »pleroma« der Tora ist die Liebe (Römer 13,10). Und wenn ein bestimmter Zeit-»Raum« »voll«, das heißt wenn »die Zeit erfüllt ist«, dann spricht das Neue Testament von der »Fülle der Zeit«, vom »pleroma tou chronou« (Galater 4,4) oder »pleroma ton kairon« (Epheser 1,10).

Das Wort »pleroma« taucht im Neuen Testament auch noch auf, wenn die Beziehung zwischen Gott und Jesus und zwischen Jesus und seiner Gemeinde beschrieben wird. In Jesus wohnt »die ganze Fülle der Gottheit leibhaftig«.[216] »Von seiner Fülle haben wir alle genommen Gnade um Gnade«, bekennt der Jesusjünger Johannes (Johannes 1,16). Deshalb kann der Apostel Paulus dann

[214] Godet, 238. Vergleiche 1. Chronik 16,32; Psalm 24,1; 50,12; 89,12; 96,11; 98,7; Prediger 4,6; Jeremia 8,16; Hesekiel 19,7; 30,12; Markus 6,43; 8,20; 1. Korinther 10,26; 1. Clemens 54,3.

[215] Philippi, 516.

[216] Kolosser 2,9; vergleiche auch 1,19 und Epheser 1,23.

der Gemeinde in Ephesus auch als Ziel vor Augen stellen, erfüllt zu werden »mit der ganzen Gottesfülle«.[217]

Was jetzt hier in Römer 11,25 konkret mit der »Vollzahl der Heiden« gemeint ist, lässt Paulus offen.[218] Auf jeden Fall ist es ein gewisses Maß, das voll werden muss.

Vielleicht ist es eine bestimmte Anzahl von Heiden, die zum Glauben kommen müssen.[219] Möglicherweise muss die heidenchristliche Gemeinde eine gewisse geistliche Qualität erreichen, bevor Israel eifersüchtig wird und dann selbst zu seinem Gott zurückkehrt.[220] Unter Umständen ist damit aber auch ein Zeitmaß gemeint, das sich »füllen« muss, etwa dem vergleichbar, wenn Gott dem Abraham erklärt, dass »die Missetat der Amoriter noch nicht voll« ist (1. Mose 15,16). Jesus spricht davon, dass Jerusalem so lange von den Heiden zertreten wird, »bis die Zeiten der Heiden erfüllt sind« (Lukas 21,24). Vielleicht ist es aber auch eine Kombination dieser quantitativen, qualitativen und chronologischen Möglichkeiten.

Entscheidend ist, dass die Verstockung Israels nicht endgültig ist. Wenn das von Gott für die Heidenwelt bestimmte Maß voll ist,

wird ganz Israel gerettet werden (Römer 11,26).

---

[217] Epheser 3,19; vergleiche auch 4,13 und Römer 15,29.

[218] Im Neuen Testament kommt der Ausdruck »to pleroma ton ethnon« nur an dieser Stelle vor. Im Alten Testament finden wir den Begriff »Fülle der Heiden« (melo'-hagoyim) nur in 1. Mose 48,19 vor, wo der sterbende Jakob über seinem Enkel Ephraim prophezeit: »Sein Geschlecht wird eine Menge Völker werden.«

[219] Darauf könnten Matthäus 24,14; Markus 13,10 oder Apostelgeschichte 1,6-8 hindeuten.

[220] So ist etwa in Kolosser 2,19 davon die Rede, dass der Leib Christi (so wörtlich) »das Wachstum Gottes« (ten auxesin tou theou) wächst.

Israel hat Zukunft! *Ganz* Israel wird gerettet werden. Das »ganz Israel« steht im Zusammenhang mit dem »Teil Israels« vom vorhergehenden Vers. Deshalb kann es »nicht anders als von der Totalität des Volkes Israel verstanden werden.«[221] Es sind eben die Menschen gemeint, von denen zuvor einem Teil Verstockung widerfahren ist.

Außerdem bezeichnet der Gesamtkontext von Römer 9-11 mit den Begriffen »Israel« oder »Israelit«[222] das jüdische Volk, weshalb ausgeschlossen werden muss, dass hier von einem »geistlichen« Israel die Rede ist, das gerettet werden soll.

»Ganz Israel wird gerettet werden« heißt, die Gesamtheit des jüdischen Volkes hat als jüdisches Volk, als »Israel«, eine Zukunft. Adolf Schlatter schließt aus diesem Text, »dass Israel auch in der verklärten Gestalt des göttlichen Reichs als ein vereinigtes Ganzes seine besondere Stellung haben wird.«[223] Martin Schacke kommt gar zu

---

221 So Philippi, 537, der ausführt: »Die Erklärung von dem geistlichen Israel, dem ›Israel theou‹ [Israel Gottes] (Galater 6,16), wonach durch Eingehen der erwählten Heiden und daneben auch der ›ekloge‹ [Auswahl] des nicht verstockten Israels alle wahren Abrahams- und Gotteskinder selig werden sollen, ist eben so willkührlich, als die Beziehung von ›pas Israel‹ [ganz Israel] bloss auf den gläubigen, von Gott erwählten Theil der Juden, welche zu allen Zeiten zu dem ›leimma kat eklogen charitos‹ [Überrest nach der Wahl der Gnade] gehört haben. Solche Erklärungen zeigen nur, zu welchen exegetischen Gewaltsamkeiten vorgefasste Meinungen den Interpreten zu verleiten vermögen. Die ungerechte Idiosynkrasie namentlich des späteren Luther gegen das jüdische Volk, sowie seine an sich gerechte Apprehension gegen chiliastische Schwärmerei hat bis auf Calixt und Spener den richtigen Sinn unserer Stelle für die grössere Anzahl von Theologen innerhalb der lutherischen Kirche verdunkelt.«

222 Die nicht weniger als 11 Mal vorkommen, nämlich in 9,4.6[2x].27.31; 10,19.21; 11,1.2.7.25.

223 Schlatter, 198.

der Annahme, dass »jeder Nachkomme Abrahams, und zwar aller Zeiten, dazugehört.«[224]

Die Mischna (Traktat Sanhedrin 10,1) sieht ebenso wie Paulus, dass »ganz Israel einen Anteil an der zukünftigen Welt« hat.[225] Die Rabbinen begründen diese Behauptung mit Jesaja 60,21, wo der alttestamentliche Prophet vielleicht auch das Bild vom Ölbaum vor Augen hatte: »Dein Volk sollen lauter Gerechte sein. Sie werden das Land ewiglich besitzen als der Spross meiner Pflanzung und als ein Werk meiner Hände mir zum Preise.«

Nach jüdischer Lehre bedeutet dies allerdings nicht, dass automatisch jeder, der seine Abstammung von Abraham nachweisen kann, eine Heilsgarantie hat. Der mischnische Text fährt unmittelbar fort: »Folgende haben keinen Anteil an der zukünftigen Welt« und nennt dann drei Gruppen von Abrahamsnachfahren, die nicht zu »ganz Israel« gehören werden:

1. »wer sagt, die Auferstehung der Toten befinde sich nicht in der Tora«;
2. »wer sagt, die Tora sei nicht vom Himmel«, und
3. »der Epikuräer«.

Interessant ist, wie weit auch in diesem Falle die rabbinische Lehre den Aussagen Jesu entspricht. Ähnlichkeiten sollen hier nur kurz angedeutet werden:

---

224 Schacke, 262.

225 Auch das Traktat Mo'ed Katan 9a im babylonischen Talmud überliefert eine Stelle, die Ähnliches aussagt. Dort sagt eine »bat qol«, eine Stimme vom Himmel: »Ihr alle seid für das Leben in der kommenden Welt bestimmt!«

Zu erstens, »wer sagt, die Auferstehung der Toten befinde sich nicht in der Tora«: Jesus hat in seiner Auseinandersetzung mit den Sadduzäern nicht etwa vom Propheten Daniel her argumentiert, der gemeinhin als erstes Zeugnis einer Auferstehungslehre im Alten Testament betrachtet wird (Daniel 12,13). Ganz »pharisäisch« argumentiert er von der Tora, den fünf Büchern Mose, her und belegt seine Auferstehungslehre: »Habt ihr denn nicht gelesen von der Auferstehung der Toten, was euch gesagt ist von Gott, der da spricht: ›Ich bin der Gott Abrahams und der Gott Isaaks und der Gott Jakobs‹ (2. Mose 3,6)? Gott ist nicht ein Gott der Toten, sondern der Lebenden« (Matthäus 22,31-32).

Zu zweitens, »wer sagt, die Tora sei nicht vom Himmel«: Auch dem Umgang mit der Heiligen Schrift misst Jesus Ewigkeitswert zu. Seine Jünger ermahnt er: »Denn wahrlich, ich sage euch: Bis Himmel und Erde vergehen, wird nicht vergehen der kleinste Buchstabe noch ein Tüpfelchen von der Tora, bis alles geschieht. Wer nun eines von diesen kleinsten Geboten auflöst und lehrt die Leute so, der wird der Kleinste heißen im Himmelreich; wer es aber tut und lehrt, der wird groß heißen im Himmelreich« (Matthäus 5,18-19).

Zu drittens, »der Epikuräer«: Der »Epikuräer« ist zunächst einmal ein Anhänger der epikuräischen Philosophie und somit ein Gottesleugner. Die Gemara, die rabbinische Auslegung der Mischna im Talmud, erklärt den Epikuräer dann aber noch genauer als einen, der »verächtlich von der Bibel und ihren Schülern« spricht.

In Matthäus 12 begegnen wir Jesus in einer Situation, in der die Pharisäer verächtlich über den Heiligen Geist reden, der durch die Heilige Schrift und ihre Schüler wirkt.

Jesus erklärt seinen Jüngern: »Alle Sünde und Lästerung wird den Menschen vergeben; aber die Lästerung gegen den Geist wird nicht vergeben. Und wer etwas redet gegen den Menschensohn, dem wird es vergeben; aber wer etwas redet gegen den Heiligen Geist, dem wird's nicht vergeben, weder in dieser noch in jener Welt« (Matthäus 12,31-32).

»Ganz Israel wird gerettet!«, das ist das Geheimnis, das Paulus seinen römischen Lesern eröffnet. Wann das geschehen wird, darüber sagt der Apostel hier nichts – abgesehen davon, dass zuvor die »Vollzahl der Heiden zum Heil gelangt« sein muss. Über die genaue Anzahl dieser Heidenvollzahl können wir ebenso nur spekulieren wie darüber, ob die Errettung ganz Israels unmittelbar nach dem Eingehen der Heidenvollzahl geschieht oder ob dazwischen auch noch einmal ein Zeitraum liegt.

Für den Apostel Paulus ist entscheidend, dass seine heidenchristlichen Leser einen heilsgeschichtlichen Zusammenhang von Ursache und Wirkung erkennen. Innerhalb dieses Zusammenhangs sollen sie ihre Stellung zu Israel erkennen und ihre Aufgabe am jüdischen Volk wahrnehmen.

Dies wird auch daraus erkennbar, wie Vers 26 an Vers 25 angeschlossen wurde. Der Apostel schreibt nicht etwa »***und dann*** wird ganz Israel gerettet werden«. Er fügt Vers 26 nicht temporal (zeitlich), sondern kausal (ursächlich) an den vorhergehenden Satz an: »***und so*** – auf diese Weise – wird ganz Israel gerettet werden«.

Der Apostel Paulus hat auf diesen entscheidenden Kausalzusammenhang in Gottes Heilsplan bereits hingewiesen, um dann eine atemberaubende Perspektive aufzuzeigen, die weit über die Errettung ganz Israels hinausgeht. Im selben Kapitel hatte er geschrieben:

Wenn aber schon ihr Fall Reichtum für die Welt ist und ihr Schade Reichtum für die Heiden, ... (Römer 11,12a).

Israels »Fall«, der »Schade« des jüdischen Volkes, seine Ablehnung Jesu als Messias Israels, wurde zum Reichtum für die Welt. Durch die, so wörtlich, »Verminderung« des jüdischen Volkes erhielten die nichtjüdischen Völker freien Zugang zu Gott. »Durch ihren Fall ist den Heiden das Heil widerfahren« (Römer 11,11). Die Gemeinde aus den Heidenvölkern konnte entstehen, weil Jesus als Messias Israels keinen Erfolg hatte.

Daraus schließt der Apostel wie schon einmal am Anfang des Kapitels »vom Geringeren zum Größeren«:[226]

... wie viel mehr wird es Reichtum sein, wenn ihre Zahl voll wird (Römer 11,12b).

Wenn Israels »Schade«, Israels »Verminderung« schon Reichtum für die Welt ist, wie viel mehr Reichtum für die Heidenvölker wird dann ihre »Vollzahl« mit sich bringen. Friedrich Adolph Philippi fasst zusammen: »Hat schon Israels Abfall erfreuliche Wirkungen zur Folge gehabt, wie viel erfreulicher werden die Wirkungen sein, welche von

[226] Siehe zur rabbinischen Auslegungsregel »kal vachomer« in Kapitel XIII die Ausführungen zu Römer 11,1c.

seiner einstmaligen Rückkehr ausgehen werden.«[227] Dazu resümiert Adolf Schlatter: »Hat schon Israels Fall solchen Segen mit sich gebracht, so wird seine Annahme noch viel reicheren Segen mit sich führen«, denn wenn eine »Gerichtstat Gottes an Israel« schon so viel Segen gebracht hat, »was wird erst seine Gnadentat an Israel bringen!«[228]

Paulus zeigt hier eine heilsgeschichtliche Gesetzmäßigkeit auf, die ihre Gültigkeit bis zum heutigen Tage nicht eingebüßt hat. Jesus hatte der Frau am Jakobsbrunnen nicht gesagt, dass »das Heil von den Juden« irgendwann einmal gekommen ist und den Heiden jetzt zur freien Verfügung steht. Er ließ sie wissen: »das Heil ***kommt*** (Präsens!) von den Juden« (Johannes 4,22).

Ebenso verweist Paulus in Römer 11 nicht nur auf die historischen Wurzeln unserer christlichen Weltanschauung, sondern auf das geistliche Fundament unseres Seins in Christus, wenn er im Blick auf den Ölbaum Israel ins Gedächtnis ruft: »so sollst du wissen, dass nicht du die Wurzel trägst, sondern die Wurzel trägt dich« (Römer 11,18).

Bis zum heutigen Tage ist der geistliche Zustand der Heidenvölker direkt abhängig vom geistlichen Zustand Israels. Die Heiden haben nicht nur in der Vergangenheit aus dem Bruch im Verhältnis zwischen Gott und seinem Volk profitiert, sondern sie werden noch viel mehr dadurch gesegnet werden, wenn die Beziehung zwischen Israel und seinem Gott geheilt werden wird.

---

[227] Philippi, 514.
[228] Schlatter, 194

Drei Verse weiter sagt Paulus dasselbe noch einmal in anderen Worten:

Wenn ihre Verwerfung die Versöhnung der Welt ist, was wird ihre Annahme anderes sein als Leben aus den Toten! (Römer 11,15).

Der griechische Sprachgebrauch verbindet mit dem Wortstamm des Ausdrucks »Verwerfung« (apobole) die Vorstellung von dürren, abfallenden Blättern[229], vom Abfall, der zu nichts taugt[230], von etwas Unreinem und deshalb »Verwerflichen« (1. Timotheus 4,4). So hat Abraham, nach der griechischen Übersetzung der Septuaginta, seine alte Heimat »verworfen«, um für Gottes Pläne frei zu sein (5. Mose 26,5). Ebenso (ver-)warf der Blinde bei Jericho seinen Mantel weit von sich, um für Jesus frei zu sein (Markus 10,50).

»Ihre Verwerfung« – damit könnte gemeint sein, dass Israel von Gott verworfen wurde; aber auch, dass das jüdische Volk Jesus als seinen Messias verworfen hat.[231] »Ihre Annahme« könnte dem gemäß entweder Israels Wiederannahme als Gottes Volk sein oder aber, dass Israel in Yeshua seinen Messias erkennt und begrüßt: »Gelobt sei, der da kommt im Namen des Herrn!« (Matthäus 23,39).

Ihre Verwerfung war die Versöhnung der Welt. Ihre Annahme wird »Leben aus den Toten« sein.

Der Ausdruck »Leben aus den Toten« (zoe ek nekron) kommt in dieser Zusammensetzung nur an dieser einen

[229] Vergleiche die Übersetzung von Jesaja 1,30 in der LXX.

[230] Weisheit 13,12-13; eventuell auch Hebräer 10,35.

[231] Beides kommt z. B. in Matthäus 21,42-43, Markus 12,9-10 und Lukas 20,16-17 direkt nebeneinander zum Ausdruck.

Stelle im Neuen Testament vor. Ein Heer von Kommentatoren, von den Vätern der alten Kirche, wie beispielsweise Origenes und Chrysostomos, bis in die neueste Zeit deuten den Ausdruck »Leben aus den Toten« als »Auferstehung von den Toten«.[232] Tatsächlich wird der zweite Teil dieses Ausdrucks, »aus den Toten« (ek nekron), normalerweise im Neuen Testament im Zusammenhang mit der Totenauferstehung benutzt.[233]

Die Frage bleibt dann allerdings offen, warum Paulus hier das Wort »Leben« verwendet und nicht etwa »Auferstehung« (anastasis), das den Lesern neutestamentlicher Schriften vertraut ist. Außerdem hat er den Artikel vor »Leben« nicht verwendet, durch den er auf das ewige Leben hätte verweisen können, das mit der Auferstehung aus den Toten beginnt. Wenn der Apostel gemeint hat, dass die Erlösung ganz Israels der Startschuss zur Auferstehung der Toten ist, warum hat er das dann nicht eindeutig gesagt?

Wir müssen die konkrete Bedeutung dieses einzigartigen Ausdrucks »Leben aus den Toten« also aus dem Kontext erschließen. Dabei vergessen wir nicht, dass im Neuen Testament der Begriff »Tote« auch auf »geistlich Tote« bezogen werden kann.[234]

---

[232] Siehe dazu Godet, 243. Philippi, 520. Schlatter, 194.

[233] Matthäus 17,9; Markus 6,14; 9,9.10; 12,25; 16,14; Lukas 9,7; 16,31; 20,35; 24,46; Johannes 2,22; 12,1.9.17; 20,9; 21,14; Apostelgeschichte 3,15; 4,2.10; 10,41; 13,30.34; 17,3.31; Römer 4,24; 6,4.9; 7,4; 8,11[2x].34; 10,9; 1. Korinther 15,12[2x].20; Galater 1,1; Epheser 1,20; Philipper 3,11; Kolosser 1,18; 2,12; 1. Thessalonicher 1,10; 2. Timotheus 2,8; Hebräer 11,19; 13,20; 1. Petrus 1,3.21. Ausnahmen sind vielleicht Römer 10,7 und Epheser 5,14, auf jeden Fall aber Römer 6,13.

[234] Vergleiche beispielsweise Matthäus 8,22; Lukas 9,60; Offenbarung 3,1.

Doch zunächst ist der Vergleich des Paulus festzuhalten: Der Fall, der Schade, die Verwerfung Israels hat den Heidenvölkern »Reichtum« gebracht. ***Wie viel mehr*** »Reichtum« wird ihre Vollzahl, ihre Versöhnung mit sich bringen. Warum sollte Paulus mit »Reichtum« einmal »Erweckung« und »Gemeindebau« unter den nicht-jüdischen Völkern meinen und das andere Mal »Auferstehung aus den Toten«? Wäre es nicht logischer, wenn er mit »Reichtum« »Versöhnung der Welt« und mit »mehr Reichtum« »mehr Versöhnung der Welt« meinte?

Darauf deutet auch die eine Stelle, die den Ausdruck »aus den Toten« (ek nekron) eindeutig nicht im Zusammenhang mit Totenauferstehung gebraucht: Römer 6,13. Dort schreibt der Apostel Paulus: »Auch gebt nicht der Sünde eure Glieder hin als Waffen der Ungerechtigkeit, sondern gebt euch selbst Gott hin, als solche, die tot waren und nun lebendig sind, und eure Glieder Gott als Waffen der Gerechtigkeit.« Die, so wörtlich, »aus den Toten Lebenden« (ek nekron zontas) sind Menschen, die noch vor der Auferstehung aus den Toten durch eine Begegnung mit dem Auferstandenen erweckt und gerettet wurden.

Bemerkenswert für unsere Fragestellung nach der Bedeutung des Ausdrucks »Leben aus den Toten« ist auch, dass Römer 6,13 meiner Beobachtung nach außer Römer 11,15 die einzige Stelle im Neuen Testament ist, an der »ek nekron« (aus den Toten) direkt mit der Wortwurzel von »Leben« (zoe, zoo) verbunden wird. Hinzu kommt noch, dass diese beiden Begriffe im unmittelbaren Kontext des Römerbriefes fast nebeneinander stehen.[235]

---

[235] Epheser 5,14 und Kolosser 2,12-13 weisen einen ähnlichen Sprachgebrauch auf und sprechen ebenfalls von »Erweckung« und nicht von einer »Auferstehung der Toten.«

»Leben aus den Toten« ist Erweckung der Völkerwelt in einem bislang nicht bekannten Ausmaß. Philippi und Godet deuten diese Aussagen als »Neubelebung der erstorbenen Christenheit«[236] und »herrliche Blüthezeit der Kirche Jesu Christi auf Erden«.[237] Sie übersehen dabei aber, dass der Apostel in unserem Textzusammenhang »dem Volk Israel die ganze übrige Welt gegenüberstellt, nicht nur den Leib Jesu.«[238]

Jesus selbst hatte seine Jünger als »kleine Herde« bezeichnet (Lukas 12,32). Nirgends im Neuen Testament wird die Gemeinde Jesu als Massenbewegung dargestellt. Eine Staatskirche, die ganze Völker unterwirft und notfalls auch mit Gewalt prägt, ist aus der Lehre Jesu nur schwer zu rechtfertigen. Durch den Fall Israels ist das Heil zu den Heiden gekommen, damit Israel ihnen nacheifern sollte. Auftrag der kleinen Herde Jesu ist es, als »Nicht-Volk« und als »unverständiges Volk« Israel eifersüchtig zu machen (Römer 10,19). Darauf war auch die Heidenmission des Apostels Paulus ausgerichtet (Römer 11,13-14).

Deshalb schließe ich mich Martin Schacke an: »Für die Völker können die weltweiten Erweckungen erst kommen, wenn diese Vollzahl, die Fülle Israels, heilsmäßig vor Gott stehen wird.«[239] Denn

wie geschrieben steht: »Es wird kommen aus Zion der Erlöser, der abwenden wird alle Gottlosigkeit von

[236] Philippi, 521.
[237] Godet, 242.
[238] Schacke, 248.
[239] Ebd., 249

Jakob. Und dies ist mein Bund mit ihnen, wenn ich ihre Sünden wegnehmen werde« (Römer 11,26-27).

Aus Zion wird der Erlöser kommen! In Römer 10 hatte Paulus beim Zitat aus dem Propheten Joel diese Aussage noch weggelassen. Dort war ihm wichtig gewesen, dass es der eine Herr ist, »der reich ist für alle, die ihn anrufen« (Vers 12), und dass nur der gerettet werden kann, der »den Namen des Herrn anrufen wird« (Vers 13).

Damit hatte der Apostel den ursprünglichen Kontext im Buch Joel aber nicht vom Tisch gewischt. Der Prophet hatte nicht nur gesehen, »wer des Herrn Namen anrufen wird, der soll errettet werden«, sondern auch die Begründung nicht aus den Augen verloren: »Denn ***auf dem Berge Zion*** und ***zu Jerusalem*** wird Errettung sein!« (Joel 3,5).

Die Lösung der Probleme dieser Welt wird weder aus Rom noch aus New York oder Washington kommen, auch nicht aus Genf, Lausanne oder Toronto, sondern aus Israel, aus Jerusalem, aus Zion. Das ist der erste Punkt, den Paulus mit seinem abschließenden Schriftzitat hier setzt.[240]

[240] Theologen wie C. Chapman, S. Motyer oder P. W. L. Walker bestreiten eine besondere Bedeutung Jerusalems, des Landes Israel und des jüdischen Volkes in der Zukunft. Sie erklären diese Aussage des Paulus als Hinweis auf das erste Kommen Christi, nach dem das Evangelium »von Zion ausgehend« den Heiden verkündigt wurde. Paulus habe damit nichts über eine künftige Rolle Zions ausgesagt. (Vergleiche dazu Peter W. L. Walker, »Centre Stage: Jerusalem or Jesus?«, Cambridge Papers towards a biblical mind, volume 5 number 1 (March 1996): 3, der dort auch weiterführende Literatur dieser Sichtweise aufführt.) Problematisch ist bei diesem Deutungsversuch, dass er in diesem Falle missachtet, dass Paulus eindeutig futurale Verbformen (Zukunft) verwendet. Beim eindeutig sehr bewussten Umgang

Der Prophet Jesaja (59,20), den Paulus in Römer 11, 26-27 zitiert, hatte ursprünglich geschrieben: »Für Zion« oder »Zu Zion wird ein Erlöser kommen«. Die Septuaginta, die alte jüdische Übertragung der Bibel ins Griechische, übersetzt: »Um Zions willen wird der Erlöser kommen.«

Der Apostel Paulus geht noch einen Schritt weiter und überträgt das alte hebräische Prophetenwort für seine nichtjüdischen Leser in Rom: »Aus Zion wird der Erlöser kommen.« Nicht nur zu Zion kommt der Erlöser, sondern darüber hinaus aus Zion zu den Heiden. Damit unterstreicht er noch einmal, dass die Erlösung Israels weltweite Auswirkungen haben wird.

Die letzte große, weltweite Erweckung wird nicht ohne Israel geschehen können. Erst wenn der Herr »an seine Gnade und Treue für das Haus Israel« gedenkt, werden »aller Welt Enden sehen das Heil unsres Gottes« (Psalm 98,3). Wie ein roter Faden zieht sich dieser heilsgeschichtliche Zusammenhang durch die ganze Bibel.[241] Am Anfang der Geschichte Israels wurde dem Abram verheißen: »In dir sollen gesegnet werden alle Geschlechter auf Erden« (1. Mose 12,3).

Paulus wusste: »Wenn schon ihr Schade Reichtum für die Heiden war, wie viel mehr wird es Reichtum sein, wenn ihre Zahl voll wird« (Römer 11,12). Gottes Heilsplan mit Israel ist die Antwort des Schöpfers auf die Angst

---

des Apostels mit der Sprache und der Freiheit, die er beim Zitieren der alttestamentlichen Texte an den Tag legt, wäre es ihm ein Kleines gewesen, unmissverständlich von einem Ereignis zu sprechen, das aus seiner Sicht zweifellos in der Vergangenheit lag – wenn er das denn wirklich gewollt hätte.

241 Vergleiche dazu zum Beispiel noch Jeremia 4,2 oder Hesekiel 39,7.

und das Seufzen der gesamten Schöpfung (Römer 8,22). Deshalb konnte der Apostel den Heidenchristen in der Hauptstadt des Römischen Reiches das »Zu Zion« oder »Um Zions willen« gleich wiedergeben als: »Aus Zion wird der Erlöser kommen« – letztendlich für die ganze Welt.

Schließlich hat der Apostel noch eine bedeutende Änderung im Text Jesajas vorgenommen. Der alttestamentliche Prophet hatte betont, dass der Erlöser kommen werde »für die in Jakob, die sich von der Sünde abwenden« (Jesaja 59,20). Paulus dagegen zitiert: »Es wird kommen aus Zion der Erlöser, der abwenden wird alle Gottlosigkeit von Jakob« (Römer 11,26).

Damit verlegt er den Nachdruck von der menschlichen Verantwortlichkeit auf das Handeln Gottes. Nicht Israels Aktion, sondern das Eingreifen des Gottes Israels wird das Blatt wenden. Jede Israelfreundschaft und jede Israeltheologie, die Wesen oder Verhalten des Gottesvolkes als maßgeblich darstellt, ist zum Scheitern verurteilt. Entscheidend ist, was der Herr tut!

Deshalb sieht auch der Prophet Jeremia den Grund für das künftige Heil Israels weder in irgendwelchen frommen Taten noch in theologischer Rechtgläubigkeit, sondern ausschließlich im Handeln des lebendigen Gottes:

Siehe, es kommt die Zeit, spricht der Herr, da will ich mit dem Hause Israel und mit dem Hause Juda einen neuen Bund schließen, nicht wie der Bund gewesen ist, den ich mit ihren Vätern schloss, als ich sie bei der Hand nahm, um sie aus Ägyptenland zu führen, ein Bund, den sie nicht gehalten haben, ob ich gleich ihr Herr war, spricht der Herr; sondern das soll der Bund

sein, den ich mit dem Hause Israel schließen will nach dieser Zeit, spricht der Herr: Ich will mein Gesetz in ihr Herz geben und in ihren Sinn schreiben, und sie sollen mein Volk sein, und ich will ihr Gott sein. Und es wird keiner den andern noch ein Bruder den andern lehren und sagen: »Erkenne den Herrn«, sondern sie sollen mich alle erkennen, beide, klein und groß, spricht der Herr; denn ich will ihnen ihre Missetat vergeben und ihrer Sünde nimmermehr gedenken (Jeremia 31,31-34).

X. Kapitel

»Ihm sei Ehre in Ewigkeit!«

Das Ziel aller Heilsgeschichte (Römer 11,28–36)

»Wie ein Wanderer, der einen Alpengipfel erreicht, dreht sich der Apostel um, blickt zurück und staunt«, fasst Frédéric Godet die letzten Sätze von Römer 11 zusammen.[242] Was Paulus sieht, ist atemberaubend.

Unfassbare Gnade rettet blinde und verlorene Sünder, »unter denen ich der erste bin« (1. Timotheus 1,15). Aus eigener Erfahrung kannte er das Evangelium von Christus Jesus als Kraft Gottes, die selig macht alle, die daran glauben (Römer 1,16). Deshalb konnte er mitjubeln: »Ich bin gewiss, dass weder Tod noch Leben, weder Engel noch Mächte noch Gewalten, weder Gegenwärtiges noch Zukünftiges, weder Hohes noch Tiefes noch eine andere Kreatur uns scheiden kann von der Liebe Gottes, die in Christus Jesus ist, unserm Herrn« (Römer 8,38-39).

Aus dieser Perspektive des erlösten Sünders sieht Paulus das souveräne Handeln Gottes mit Israel und der Völkerwelt. Ohne Spekulation, ohne ständiges Fragen »Was wäre gewesen wenn?«, schildert der Apostel das Werk Gottes.

Im Blick auf das Evangelium sind sie zwar Feinde um euretwillen; aber im Blick auf die Erwählung sind sie Geliebte um der Väter willen. Denn Gottes Gaben und

[242] Godet, 265.

Berufung können ihn nicht gereuen (Römer 11,28-29).

Das Gottesvolk lehnt seinen Messias ab, trotz der Freudenboten, die Israel zurufen: »Dein Gott hat alles in seinen Händen!« Das jüdische Volk verwirft seinen König, obwohl Gott speziell dazu ein Volk aus einem Nicht-Volk und aus einem unverständigen Volk geschaffen hat, um Israel zur Eifersucht zu reizen.

Israel konnte seinen Messias nicht erkennen. Durch ihren Fall, ihre Ablehnung, ihre Verwerfung, ihr Versagen, ihren Schaden ist der Reichtum der Buße, der Bekehrung, der Erweckung, des Heils zu den Heidenvölkern gekommen.

Und Israel bleibt bei alledem das heilige, auserwählte und einzigartige Volk des lebendigen Gottes. »Die Kindschaft, die Herrlichkeit, die Bundesschlüsse, die Vermittlung des Wortes Gottes, der Gottesdienst, die Verheißungen, die Väter, der Messias« sind bleibend, unwiderruflich der Reichtum des jüdischen Volkes, eben deshalb, weil es nicht etwa menschliche Errungenschaften wären, sondern »Gottes Gaben und Berufung«.

Denn wie ihr zuvor Gott ungehorsam gewesen seid, nun aber Barmherzigkeit erlangt habt wegen ihres Ungehorsams, so sind auch jene jetzt ungehorsam geworden wegen der Barmherzigkeit, die euch widerfahren ist, damit auch sie jetzt Barmherzigkeit erlangen. Denn Gott hat alle eingeschlossen in den Ungehorsam, damit er sich aller erbarme (Römer 11,30-32).

Durch den Ungehorsam des Gottesvolkes ist das Heil in Jesus Christus zu den Heidenvölkern gekommen, obwohl diese überhaupt nicht nach Gottes Gerechtigkeit getrachtet hatten (Römer 1,18-32; 9,30). Die pure Barmherzigkeit des Gottes Israels hat so Nichtjuden in aller Welt erreicht.

Jetzt sollte diese Gemeinde aus den Nationen Israel zur Eifersucht reizen, damit eines Tages die Vollzahl Israels, ihre Versöhnung, ihre Annahme den geistlichen Überfluss bringen wird, den Paulus mit dem einzigartigen Ausdruck »Leben aus den Toten« umschreibt (Römer 11,15).

Paulus staunt nicht nur über seine eigene Erlösung, sondern vor allem darüber, wie sich seine persönliche Beziehung mit dem himmlischen Vater als kleines Puzzleteil in das atemberaubende Bild von Gottes Heilsplan einfügt.

Er sieht das Handeln des Schöpfers mit seiner gefallenen Schöpfung vor sich, wie der Bergsteiger vom Gipfel aus die unendliche Landschaft. Dabei ist Gottes Tun das alles Entscheidende, Gottes Barmherzigkeit, nicht menschliche Aktion.

Der Apostel staunt über Gottes Antwort auf den Schrei der Schöpfung, die von Sünde und Tod gezeichnet ist. Er begreift den heiligen Willen Gottes, »dass allen Menschen geholfen werde und sie zur Erkenntnis der Wahrheit kommen« (1. Timotheus 2,4).

O welch eine Tiefe des Reichtums, beides, der Weisheit und der Erkenntnis Gottes! Wie unbegreiflich sind seine Gerichte und unerforschlich seine Wege! Denn »wer hat des Herrn Sinn erkannt, oder wer ist sein Ratgeber gewesen?« (Jesaja 40,13).

Oder »wer hat ihm etwas zuvor gegeben, dass Gott es ihm vergelten müsste?« (Hiob 41,3). (Römer 11,33-35)

Staunend reiht er sich ein in die Reihe derer, die vor dem allmächtigen Schöpfer auf die Knie fallen.

Die alten Worte jüdischer Weisheit, die in der Tradition dem König Salomo zugeschrieben werden, formulieren das Zitat des Paulus aus »Jesaja, dem Tröster« noch einmal anders:

»Wir erfassen kaum, was auf Erden ist, und begreifen nur schwer, was wir in Händen haben. Was aber im Himmel ist, wer hat es erforscht? Und wer hat deinen Ratschluss erkannt? Es sei denn, du hast Weisheit gegeben und deinen Heiligen Geist aus der Höhe gesandt. Und so wurden die Erdenbewohner auf den rechten Weg gebracht und die Menschen in dem unterwiesen, was dir gefällt, und durch die Weisheit errettet« (Weisheit 9,16-19).

Dabei lässt er Gott Gott sein. Wenn wir ihn begreifen könnten, wäre er nicht mehr Gott, sondern Götze. Den Philosophen in der Weltstadt Athen erklärt der Rabbiner: »Auch lässt er sich nicht von Menschenhänden dienen, wie einer, der etwas nötig hätte, da er doch selber jedermann Leben und Odem und alles gibt« (Apostelgeschichte 17,25). Wie Paulus und vor ihm der viel geplagte Hiob weiß auch der jüdische Schriftgelehrte Jesus Sirach:

»Der Herr allein ist gerecht. Niemand kann seine Werke aufzählen. Wer kann seine großen Taten erforschen? Wer kann seine große Macht ermessen? Wer kann seine große Barmherzigkeit genug preisen? Man kann sie weder vermindern noch vermehren und kann seine großen Wunder nicht erforschen. Selbst wenn ein Mensch dabei sein Bestes getan hat, so ist's noch kaum angefangen; und wenn er aufhört, merkt er erst, wie viel noch fehlt« (Sirach 18,2-6).

Nicht nur das Umfassende der göttlichen Gnade ringt dem Apostel diesen Lobpreis ab, sondern die Vielfalt der Mittel, durch welche die göttliche Weisheit die Gnade in der Geschichte zur greifbaren Realität werden lässt. Nicht trotz der Widersprüche, sondern gerade durch das, was wir als unvereinbare Gegensätze empfinden, kommt der Erlöser zu seinem Ziel.

Paulus ist weit davon entfernt, alles »verstanden«, »erklärt« oder gar »bewiesen« zu haben. Aber das, was er verstanden hat, treibt ihn in die Anbetung.

Denn von ihm und durch ihn und zu ihm sind alle Dinge. Ihm sei Ehre in Ewigkeit! Amen (Römer 11,36).

Er, der Gott Abrahams, Isaaks und Jakobs, ist der Schöpfer. Er hält alles in Händen, und er ist Sinn und Ziel aller Schöpfung.

Hier, im letzten Satz seiner Ausführungen über Gottes Weg mit Israel, fasst Paulus selbst in Worte, was wir am Anfang dieses Buches gesehen haben. Gott macht Geschichte, gestern, heute und morgen. Er steht als Schöpfer am Anfang und spricht das erste Wort: »Es werde!« (1. Mose 1,3).

Der Höchste hat Gewalt über die Königreiche der Menschen und gibt sie, wem er will (Daniel 4,14). Er sieht meine Wege und zählt alle meine Schritte (Hiob 31,4). Alles, das Größte wie das Kleinste dieser Welt, liegt in seiner Hand. »Nicht ein Sperling fällt auf die Erde ohne euren Vater«, versichert Jesus seinen besorgten Jüngern (Matthäus 10,29).

Alle Dinge sind auf ihn zu geschaffen. Er wird am Ende dieser Schöpfung stehen. Alles und jeder wird sich vor ihm, dem Richter, zu verantworten haben. Als Erlöser wird er das letzte Wort haben. Er ist »das A und das O«. Deshalb kann er allein sagen: »Siehe, ich mache alles neu!« (Offenbarung 21,5.6).

Weil alles, was geschaffen ist, »von ihm und durch ihn und zu ihm hin« ist, gebührt ihm allein alle Ehre. Alles Handeln Gottes mit seiner Schöpfung und ganz besonders mit Israel dient einzig dazu, den Namen des Herrn zu verherrlichen!

Deshalb beginnt Mose sein Vermächtnis: »Ich will den Namen des Herrn preisen. Gebt unserm Gott allein die Ehre!« (5. Mose 32,3), noch bevor er Gottes Handeln mit Israel und dessen Reaktion darauf beschreibt.

Aus demselben Grund lässt Gott seinem Volk durch den Propheten Hesekiel sagen: »Ich tue es nicht um euretwillen, ihr vom Hause Israel, sondern um meines heiligen Namens willen, den ihr entheiligt habt unter den Heiden, wohin ihr auch gekommen seid. Denn ich will meinen großen Namen, der vor den Heiden entheiligt ist, den ihr unter ihnen entheiligt habt, wieder heilig machen. Und die Heiden sollen erfahren, dass ich der Herr bin, spricht Gott der Herr, wenn ich vor ihren Augen an euch zeige, dass ich heilig bin« (Hesekiel 36,22-23).

Krieg, Grausamkeit und Schrecken werden nicht das letzte Wort im Heiligen Lande haben, sondern »das soll mein Ruhm und meine Wonne, mein Preis und meine Ehre sein unter allen Völkern auf Erden, wenn sie all das Gute hören, das ich Jerusalem tue. Und sie werden sich verwundern und entsetzen über all das Gute und über all das Heil, das ich der Stadt geben will« (Jeremia 33,9).[243]

Jesus selbst hat nie aus dem Blick verloren, dass letztes Ziel der Schöpfung und der Heilsgeschichte die unantastbare Ehre des lebendigen Gottes ist. Er hat über seinem Auftrag niemals den Vater vergessen. Der Satan selbst hatte ihm einmal die Weltherrschaft angeboten. Aber der Messias Israels wusste nur zu genau, dass sich jede eigenmächtige Abkürzung auf dem Weg zur Erlösung rächt, weil sie die Ehre Gottes missachtet (Matthäus 4,8-11).

Auch Paulus wusste, dass der Schlusspunkt seines Christus-Hymnus (Philipper 2,6-11) nicht sein durfte, »dass Jesus Christus der Herr ist«, sondern eben die »Ehre Gottes, des Vaters«. Im Blick auf die Weltherrschaft Jesu schreibt er an die Gemeinde in Korinth: »Wenn es aber heißt, alles sei ihm unterworfen, so ist offenbar, dass der ausgenommen ist, der ihm alles unterworfen hat. Wenn aber alles ihm untertan sein wird, dann wird auch der Sohn selbst untertan sein dem, der ihm alles unterworfen hat, damit Gott sei alles in allem« (1. Korinther 15,27-28).

Wenn wir die Themen »Jesus«, »Israel« und »Gemeinde« gegeneinander ausspielen, beschneiden wir die Ehre des lebendigen Gottes. Die drei Teile des Römerbriefes sind untrennbar miteinander verbunden. Evangelisation, Heilsgeschichte und Gemeindeaufbau müssen gemeinsam der Ehre des lebendigen Gottes dienen.

Wenn wir durch Evangelisation nur unser schlechtes Gefühl über eine verlorene Menschheit beruhigen, wenn wir durch den Bau von Gemeinden nur einen gesell-

[243] Genau dasselbe ist in Jesaja 61,1-3 ausgesagt.

schaftlichen Beitrag auf christlichem Hintergrund liefern und wenn wir durch die Beschäftigung mit Israel nur unsere fromme Sensationslust oder Spekulationsfreude befriedigen, bringen wir »fremdes Feuer« auf den Altar des Herrn. Das hat schon einmal erwählten und gesalbten Priestern das Leben gekostet (3. Mose 10).

»Halleluja!«, »Lobt den Herrn!«, »Ihm sei Ehre in Ewigkeit!« ist eine Aufforderung, die eine Antwort fordert. Wohin führen unsere Liebe zu und unser Engagement für die Bibel, für Jesus, für Israel, für die Gemeinde? Was bewirkt unser Wissen um Gottes Plan mit seinem Volk, mit seiner Kirche, mit dieser Welt?

Treibt uns unsere Erkenntnis zu Aktivismus, Diskussionen, Auseinandersetzungen, Rechthaberei und Arroganz? Oder werden wir als Leib Jesu mit unserem Leben zu einem »Amen« finden, das vollmächtig in den Wirren dieser Zeit Gestalt gewinnt?

Zur Literatur

Im Blick auf die Zitate der Bibel habe ich mich soweit irgend möglich an die revidierte Lutherübersetzung von 1999 gehalten. An vielen Stellen hat allerdings die Arbeit am hebräischen und griechischen Urtext meine Auslegung bestimmt und mich zu Änderungen gezwungen.

Mit einer kleinen Auswahl von Römerbriefkommentaren habe ich in meinen Ausführungen ein »Gespräch« geführt. Deshalb werden die Verfasser im Text auch nur kurz unter Angabe der jeweiligen Seitenzahl genannt:

de Boor, Werner. Der Brief des Paulus an die Römer. Wuppertaler Studienbibel. Wuppertal: R. Brockhaus Verlag, 8. Auflage 1980.

Godet, Frédéric. Commentary on St. Paul's Epistle to the Romans, vol. 2. Translated from the French by Rev. A. Cusin. Clark's Foreign Theological Library, New Series, Vol. VI. Edinburgh: T. & T. Clark, 1881.

Hodge, Charles. A Commentary On Romans. Edinburgh and Carlisle, Pennsylvania: The Banner Of Truth Trust, 1864, reprint 1972 and 1975.

Philippi, Friedrich Adolph. Commentar über den Brief Pauli an die Römer. Frankfurt a. M.: Verlag von Heyder & Zimmer, 3. Auflage 1866.

Schacke, Martin. Der Römerbrief. Ein Jurist liest die Bibel. Lahr-Dinglingen: Verlag der St.-Johannis-Druckerei C. Schweickhardt, 1983.

Schlatter, Adolf. Der Brief an die Römer. Ausgelegt für Bibelleser. Erläuterungen zum Neuen Testament, Band 5. Stuttgart: Calwer Verlag, 1962.

Alle anderen Quellen gebe ich im Text oder in den Fußnoten an.

Wenn Literatur zum Römerbrief oder zur Israelthematik hier nicht erwähnt ist, dann bedeutet das nicht notwendigerweise, dass sie mir unbekannt ist. Vielmehr habe ich mich bemüht, allen unnötigen Ballast, der nur das Lesen und Verstehen erschwert, zu entfernen.

Index

Begriffe

Griechische Begriffe

Hebräische Begriffe

Personen

Bibelstellen

Mischna

Talmud

hänssler

Weitere Titel von Johannes Gerloff:

Jerusalem – Die Stadt des großen Königs
Tb., 80 S.,
Nr. 393.725, ISBN 3-7751-3725-4

Die Auseinandersetzung zwischen Palästinensern und Israelis prägt die Schlagzeilen weltweit.
Johannes Gerloff nimmt Sie mit hinein in den Streit um Jerusalem – brisantestes Thema aktueller Nahostpolitik! In chronologischer Reihenfolge machen Artikel, die zwischen Februar 1999 und Oktober 2000 entstanden sind, die Entwicklung der Auseinandersetzung deutlich.

Jüdische Siedlungen
Kriegsverbrechen oder Erfüllung biblischer Prophetie?
Tb., 96 S., s/w-Karten im Anhang
Nr. 393.837, ISBN 3-7751-3837-4

»Wem gehört das Land Israel?« Ausgehend von der aktuellen Diskussion versucht Johannes Gerloff, die unterschiedlichen Standpunkte darzulegen. Orthodoxe Juden vertreten hier genauso ihre Meinung wie fundamentalistische Moslems. Der Autor vertieft das Verständnis für die unterschiedlichen Meinungen, indem er historische Entwicklungen und theologische Denkansätze aus Judentum und Islam umreißt. Ein informatives Buch für alle Israel-Interessierten.

Bitte fragen Sie in Ihrer Buchhandlung nach diesen Büchern!
Oder schreiben Sie an den Hänssler Verlag,
D-71087 Holzgerlingen.